*Bjarne Melkevik*

# Droit et agir communicationnel : penser avec Habermas

Buenos Books International, Paris

www.buenosbooks.fr

ISBN : 978-2-915495-92-8
1ère édition :
Editions Buenos Books International, Paris
http://www.buenosbooks.fr
buenosbooks@free.fr

**Dépôt légal : Premier trimestre 2012**

## TABLES DES MATIÈRES

# Préface :

## Comprendre l'agir communicationnel, comprendre Habermas.

L'épuisement de notre livre «Horizons de la philosophie du droit» (1997/2004) a rendu orphelins nos essais sur la théorie (i.e. le paradigme) de l'agir communicationnel et le droit chez le philosophe allemand Jürgen Habermas. Une situation non-souhaitable et surtout problématique car c'est dans l'analyse de l'agir communicationnel que résident le sens et la portée des réflexions que Jürgen Habermas a développés et cultivés quant au droit (et le constitutionnalisme) depuis 1981 et qui ont été magistralement portés à leurs accomplissements dans l'ouvrage séminal «Droit et démocratie. Entre faits et normes» en 1992 (trad. fr. 1997). Une carence donc, une lacune mais avant tout une injustice théorique que le présent ouvrage a pour but de réparer puisqu'il faut, avec attention et lucidité, examiner cette matrice philosophique et épistémologique, et surtout analyser comment et de quelle façon ont pris naissance ses réflexions sur la question du droit et de la modernité juridique. Il faut obligatoirement comprendre le paradigme de l'agir communicationnel pour ensuite être capable de lire adéquatement et apprécier le rôle de Habermas dans la philosophie du droit contemporain.

Le présent ouvrage trouve son sens de pair avec la lecture de nos autres livres sur la question du droit chez Habermas. Rappelons brièvement notre livre «Rawls ou Habermas. Une question de philosophie du droit» (2001/2002), qui se propose d'examiner, bien avant l'avalanche d'études qui déferle aujourd'hui sur la même thématique, la différence et l'opposition de ces deux penseurs quant à notre modernité juridique. Les deux philosophes ont été analysés pour mettre en exergue leurs différences et les conséquences aussi bien philosophiques que juridiques et constitutionnelles qui en découlent. Comme beaucoup d'autres nous avons en effet été, dans nos jeunes années, profondément séduits par le système de «justice» de Rawls et par la manière qu'il a su établir, avec doigté et habileté, un équilibre philosophique entre les quatre traditions philosophiques majeures constituées par l'utilitarisme, le contrat social, l'émotivisme et la «public choice theory» (i.e. «la théorie des choix publics»). Le mot de «rawlsmania» pourrait correctement expliquer cet engouement; d'où d'ailleurs notre lucidité distanciée à l'égard de cette même «rawlsmania» détectable aujourd'hui chez des philosophes, des politiciens et des juristes et dans leurs multiples manifestations d'enthousiasme fondationalistes à partir de John Rawls.

Dans ce livre, le paradigme de l'agir communicationnel servait d'ancrage épistémologique en rappelant qu'une théorie du droit ne doit pas uniquement s'autojustifier par le bienfait des «résultats philosophiques» obtenus – aisément revendiqué par Rawls (sinon par les innombrables théories et philosophies du droit qui travaillent à partir d'une doctrine du droit qui se retrouve invariablement *déjà-là* en tant que «réaliste», «empirique», etc., sans qu'ils se rendent le moindrement compte qu'ils ne font que de la métaphysique à moindre frais) - mais qu'une position épistémologique moderne n'a guère d'autre choix que de reconnaître les individus concrets et réels dans leur autonomie pleine et entière d'auteurs du droit. Cette exigence épistémologique distingue nettement Habermas de Rawls et indique que si une philosophie retranche l'individu dans une situation de «mineur», l'autre, celle de Habermas, ne peut que la retrouver et l'affirmer vigoureusement dans sa position de «majeur» pour des raisons épistémologiques issues de la théorie (et du paradigme) de l'agir communicationnel et, bien entendu, en tant que porteur actif de la modernité juridique et politique qu'il convient de faire nôtre.

Ce livre de 2001/2002 a ensuite trouvé son prolongement (et accomplissement) dans notre ouvrage «Habermas, droit et démocratie délibérative» de 2010. Une entreprise davantage ambitieuse qui prolonge notre réflexion sur la conception de démocratie et de politique qui anime la philosophie habermasienne. L'objectif fut de problématiser notre façon de concevoir et de «pratiquer» le droit, la politique et la démocratie d'une façon délibérative ou, en d'autres mots, de nous servir du paradigme de l'agir communicationnel en vue de réfléchir sur la délibération démocratique et le développement d'une modernité en droit. La démocratie en ce sens n'est pas exclusivement un régime, ou encore une façon d'agencer la «gouvernance», les institutions et les «pouvoirs» mais, avant tout, une modalité politique pensée à partir des individus en chair et en os. C'est en tant qu'individu concret que la perspective d'une démocratie délibérative acquiert sa valeur et qu'elle nous indique une autre façon de faire et de comprendre les enjeux politiques et les «vivre ensemble».

Les deux ouvrages nous ont conforté dans notre conviction que le droit ne se comprend pas comme «pur» -- à l'exemple de Hans Kelsen – mais se rapporte plutôt à notre volonté de faire, de réaliser et de créer la démocratie et la politique délibératives ou encore le droit «délibératif». En ce sens, Habermas exige que les individus trouvent la «valeur» de tout cela dans le mode d'un agir communicationnel, c'est-à-dire qu'autant la démocratie que le droit se confirment ou se nient en pratique, laissant alors peu de place à toutes les théories «a priori» qui ont le haut du pavé aujourd'hui en philosophie du droit. En conséquence, il faut repenser la question du droit pour ainsi le libérer des contraintes dogmatiques qui présentement pèsent si lourdement sur son développement et surtout reprendre le questionnement sur le sens à accorder aujourd'hui à la promesse de l'autolégislation. Si Habermas rejette sans compromis le modèle du «contrat social» de Locke à Rousseau, ou encore la «conscience universalisante» de Kant (jusqu'aux formes modernes de kantisme dans le juspositivisme contemporain), c'est en raison du fait que ces théories ne servent qu'à assister des modèles heuristiques restreints ou préliminaires, là où la légitimation démocratique, comprise largement dans le sens délibérative, doit les remplacer.

Le paradigme de l'agir communicationnel, défendu dans les deux livres susmentionnés, se dresse en fin de compte comme un mur de critiques et d'exigences épistémologiques à l'encontre d'une posture idéologique malheureuse et non-productive consistant à utiliser les écrits de Habermas sur «l'éthique de la discussion» en tant que modèle «éthique» pour la philosophie du droit. La raison d'une telle stratégie «éthique» était simple puisqu'elle facilite la vie et elle permettait surtout de perpétuer la tradition fondationaliste à la française sans se remettre en question, tout en abusant du nom de «Habermas» comme caution. Donc quand l'éthique de la discussion a obtenu une popularité démesurée dans divers pays francophones, c'était parce que cela permettait – en trahissant Habermas – de la récupérer dans une «philosophie de facilité» structurée selon les paramètres de l'idéalisme éthique dans lesquels on retrouve, en lambeaux, l'idéalisme allemand récupéré (et restructuré) à l'intérieur de l'histoire de la philosophie à la française. Les résultats n'étaient guère convaincants car cette position évacuait pratiquement et philosophiquement le paradigme de l'agir communicationnel là où il aurait fallu faire le contraire, c'est-à-dire le reconnaître comme une rupture épistémologique ou une façon différente de faire de la philosophie. Une façon de faire qui insiste pour que toute assertion de philosophie du droit se fasse «tester» dans la réalité, celle des individus en chair et en os, où ces derniers agissent et vivent, travaillent et communiquent, s'aiment et se détestent; une réalité qui se vit sans aucune garantie philosophique bref, une réalité de l'agir communicationnel.

La centralité du paradigme de l'agir communicationnel chez Habermas peut surtout servir à comprendre son œuvre entière. Il nous semble en effet que Habermas s'explique le mieux d'une façon architecturale, à savoir qu'il convient de saisir intellectuellement son œuvre philosophique comme une structure architecturale qui se départage entre un avant et un après la «Théorie de l'agir communicationnel» de 1981/1982. Cela ne signifie pas que les écrits avant-1982 perdent leur signification, ni qu'ils ne peuvent pas être appréciés à leur juste valeur, c'est uniquement qu'ils ne sont pas écrits dans l'esprit de l'agir communicationnel et qu'ils doivent être saisis en tant que tel. Par contre, les écrits de Habermas après-1982 le sont, d'où l'obligation de comprendre philosophiquement et honnêtement ceux-ci comme ouvrant, littéralement, différents cycles d'études où il s'agit d'expérimenter le sens de l'agir communicationnel. Dans cette perspective, trois cycles peuvent clairement être identifiés.

D'abord, dès 1982 jusqu'à environ 1985, nous observons un cycle philosophique où Habermas expérimente philosophiquement le paradigme de l'agir communicationnel dans le domaine de la morale et de l'éthique. «Morale et communication» et «De l'éthique de la discussion» symbolisent ce cycle. D'ailleurs, le débat entre Jürgen Habermas et John Rawls dans les pages du *The Journal of Philosophy* en 1995 peut également être déplacé dans ce même cycle.

De 1985 à 1995, on assiste à un autre cycle chez Habermas dans lequel il teste philosophiquement l'agir communicationnel à l'égard du «droit» dans la législation politique et le cadre constitutionnel d'un État moderne. Le livre clef est ici «Droit et démocratie. Entre faits et normes» (1992) et une panoplie d'articles.

Dès 1995 jusqu'à 2001, nous observons Habermas travaillant sur le test philosophique de «délibération» dans le domaine politique, populaire et démocratique. Plusieurs articles de première importance sur la «démocratie délibérative» en découlent mais, hélas, aucun ouvrage de synthèse ou d'accomplissement théorique proprement parlant n'a encore vu le jour si ce n'est que «L'intégration républicaine, Essais de théorie politique» (trad. fr. 1998) peut s'approcher le plus d'une synthèse théorique et symboliser ce cycle.

Dès 2001 jusqu'à aujourd'hui, pourrions-nous ajouter un quatrième cycle? Un cycle à l'égard du religieux? Un cycle à l'égard de la reformulation et de la réfutation du paradigme wébérien de la «sécularisation» ou simplement un cycle prônant un armistice avec la religion? Peut-être à première vue mais à bien y réfléchir si l'idée d'un «armistice communicationnel» a bien un sens, il nous semble assez clair que ses écrits s'inscrivent davantage dans un «protestantisme culturel» que dans une expérimentation philosophique (à partir de l'agir communicationnel) à proprement parler.

En regardant donc ces trois cycles dominants en aval (le quatrième entre parenthèse), le jugement qui s'impose insiste sur le fait que seul le paradigme de l'agir communicationnel les a rendus réalisables. Ceci nous autorise alors à défendre l'idée que le paradigme de l'agir communication représente le nœud de la pensée habermasienne et que pour l'interpréter, pour le «lire» et pour se l'approprier, ou encore pour donner un sens aux textes habermasiens, il faut le comprendre intellectuellement et philosophiquement. Il n'y a donc pas de voie de remplacement ou d'évitement, sinon un «sens» philosophique qu'il convient de reconnaître et surtout comprendre que, chez Habermas, la compréhension du social (et de la possibilité du droit) et le positionnement intellectuel ne doivent pas se faire uniquement d'une façon «monologique»; ils nécessitent plutôt une approche «dialogique» qui permet d'assurer la perspective de l'agir communicationnel. Les méthodes des sciences dures qui ont si largement séduit et grisé le milieu juridique (surtout dans un positivisme dogmatique à la française) sont impropres et fallacieuses pour approcher le droit moderne. Le paradigme de l'agir communicationnel défend ainsi un modèle de sujet-à-sujet en tant que rectification épistémologique et accorde par là même un nouveau respect aux acteurs du social et à l'autonomie du droit. Ainsi, en ce qui a trait au droit, c'est toujours le paradigme de l'agir communicationnel qui doit nous préoccuper.

En conséquence, dans notre livre, nous analysons en détail et dans ses différentes ramifications le développement théorique et le sens philosophique de l'agir communicationnel. Toutefois, quelques précisions doivent être apportées au préalable. Il convient en effet de préciser, très brièvement, le sens du paradigme de l'agir communicationnel en tant qu'exigence épistémologique puisqu'il s'agit d'une épistémologie complexe qui, à partir d'un point de vue en apparence simple - à savoir la nécessité d'une explication intramondaine à partir des actes réels ou langagiers des individus réels - se densifie à l'égard de la philosophie du langage, de la pragmatique, de la symbolique et d'une herméneutique qui se reconnait interprétative pour se faire de façon argumentative. Une exigence épistémologique donc qui s'ouvre autant vers la sociologie, l'anthropologie, l'économie et la culture, que le droit et le constitutionnalisme, pour toujours se faire en «pratique».

En abordant l'agir communicationnel dans le sens épistémologique, c'est d'abord à la «révolution» langagière (ou encore : la philosophie du langage ordinaire) à laquelle nous arrivons. C'est la révolution philosophique la plus importante – et peut-être la seule – du 20e siècle. Elle nous invite à quitter le paradigme de l'artificialité théorique qui avait si profondément dogmatisé la philosophie (et surtout la philosophie dite «continentale») en enseignant que le langage ordinaire était à écarter car rustre, simpliste (voir : simplificateur), sommaire, populiste et surtout encombré d'irrationalités. Cela s'observe dans la philosophie analytique et chez des philosophes illustres comme Gottlob Frege, Rudolf Carnap, Bertrand Russell et Willard Van Orman Quine qui ont incarné ce courant avec le désir de remplacer le langage ordinaire par un langage pur (ou idéal, ou encore platonicien), construit artificiellement et formellement et surtout dopé de logiques préétablies. Ce dernier point avait d'ailleurs tout pour séduire les milieux juridiques car ainsi pouvaient se construire artificiellement autant de *a priori*, dit opportunément «droit», selon les désirs des auteurs. Le courant de la «philosophie analytique en droit» dépend entièrement de ce courant et se particularise par son insistance sur un langage «privé» ou hermétique (pur ou idéal) en tant que lieu d'exercice «philosophique» exclusif et distinct à l'usage exclusif des membres d'une chapelle idéologique. Qu'une telle philosophie n'arrive en fin de compte qu'à produire un «droit» également «privé» est évident!

La rupture qui se produit avec l'avènement de la philosophie du langage ordinaire – inaugurée par Wittgenstein – et se résumant dans la thèse qu'il faut prendre aux sérieux le langage naturel, celui parlé par les hommes et les femmes en pratique, les «actes de langage» qui se développent et se propagent dans l'espace public, est donc d'une portée révolutionnaire. Dans la théorie des actes langagiers ordinaires il n'y a rien «à corriger» (à partir d'une position philosophique qui se situe dans un «ailleurs»), car il faut admettre et respecter les innombrables façons d'utiliser le langage et les différentes circonstances sociales et culturelles en tant que des «jeux de langage ordinaires»; à savoir, que les jeux de langage ordinaire servent à comprendre le positionnement des individus vis-à-vis les différentes réalités sociales disponibles, de même qu'à reconnaître les différentes rationalités disponibles pour eux dans les contextes sociaux de l'agir. C'est la réalité des individus qui doit donc nous intéresser, c'est leur monde qui est le monde réel (et nullement le monde à part que les théoriciens se créent par paresse et commodité), et surtout c'est chez les individus en chair et en os que se pose la question de la «réalité», de la «rationalité» et de la «connaissance» (de même que le «droit»). Des questionnements qui se formulent sous le mode d'un «acte de langage» ne pouvant avoir comme réponse qu'un autre «acte de langage». C'est ce que Habermas reprend dans le paradigme de l'agir communicationnel.

Le paradigme de l'agir communicationnel renoue aussi avec la théorie de la «vérité» développée dans la philosophie pragmatique, surtout états-unienne et représentée par Charles Sanders Pierce, William James et John Dewey. Le critère de «vérité» dans les théories pragmatique et de l'agir communicationnel consiste à poser comme prémisse qu'est «vrai» ce qui fonctionne réellement et que la «connaissance» va avec l'action, va avec un agir dans le monde. Il en découle une méthode, une attitude à l'égard du monde réel où la connaissance s'expérimente par des actions, par l'agir, par la production même de ce qui sera désigné ultimement comme «connaissance». Les idées (ou encore les *a priori* qui ont aujourd'hui le haut du pavé dans les débats intellectuels) n'ont guère de privilège dans le monde de la «connaissance», si ce n'est qu'un intérêt relatif, puisque le paradigme de la connaissance est la «pratique».

Il n'y a donc rien «à voir», «à observer» dans le domaine de droit car il n'y a pas de correspondance entre les mots et les choses, et l'imposition des «images» par des subjectivités ne valent rien au niveau de la «connaissance» (ou de la «reconnaissance»). Dans la réalité, la connaissance se produit «en pratique» dans le monde et intersubjectivement par une multitude d'individus qui agréent de coordonner leur agir et leur monde et qui, de la sorte, créent pratiquement ce qui momentanément est «vrai» pour eux, ce qui représente pour eux une «connaissance», ce qui, pour eux, est «bien» ou «mal», etc. Il y a certes un côté «relativiste» ici, particulièrement si on l'observe par les différents *a priori* en vogue, mais on peut retenir qu'un tel relativisme est une partie même du monde vécu qui nous permet de constater que tout aurait pu ou peut être différent. Différent dans le sens que les actions dans le monde social, économique et politique auraient pu s'exprimer différemment et quand ils n'ont pu s'affirmer ou qu'on aurait dû le faire, les raisons se trouvent justement dans l'interaction pratique entre les «mondes» et les «actions». D'où le paradigme tant pragmatique qu'issu de l'agir communicationnel consistant à toujours respecter la réalité qui existe puisqu'il s'agit de respecter les individus pour ensuite envisager ce qui est possible, réalisable, à partir des individus. L'agir communicationnel exprime de la sorte le réalisme issue du pragmatisme et le respect pour les individus qui en découle.

Le paradigme de l'agir communicationnel s'enracine également dans la philosophie herméneutique, car si nous pouvons avec assurance dire que nous vivons dans un monde, c'est par les textes que nous possédons, que nous écrivons et que nous pouvons appréhender ce monde. Il faut donc, cela va de soi, une méthode de l'interprétation de ces textes, voire même une «compétence» à leur égard pour les comprendre, ce qui s'exprime, chez Habermas, par une «interprétation» qui doit se transformer en argumentation pour alors rejoindre l'espace public et le monde des «agir communicationnels», le monde réel, la pratique.

C'est une critique et même un rejet de la philosophie de conscience magnifiée, en leur temps, par les noms d'E. Kant, G. F. Fichte et G. W. F. Hegel, qui s'expriment ici chez Habermas. Au contraire de la philosophie de la conscience qui opère avec un idéal de science monologique où un individu interprète le monde ou le «réel» comme une extension de lui-même et surtout par ses ressources rationnelles et morales, Habermas souligne que cela donne, certes, des systèmes philosophiques à couper le souffle mais guère plus, et surtout ni «connaissance», ni «vérité», ni «rationalité». Cela ne donne que ce que le système permet de donner, selon l'auteur du texte, en l'occurrence des splendeurs, de l'ivresse, de l'aveuglement, l'irréalité.

Pour ne pas laisser l'interprétation des textes s'enliser dans les vices d'une philosophie de conscience, celle-ci ne peut se concevoir que comme préliminaire à l'égard de l'argumentation. Là où l'interprétation se fait seule elle risque alors de succomber à la philosophie de conscience. Par conséquent, il faut extérioriser les fruits de «l'interprétation obtenue ou retenue» individuellement dans l'espace public pour ainsi «tester» le sens en commun qu'il convient, individuellement, de retenir pour approcher les textes. L'interprétation embrasse alors l'espace public avec une explication «en plus», avec une justification «en plus», avec un encadrement «en plus», ou simplement avec la contextualisation qui la rend compréhensible, sensée, intelligible pour autrui. Toujours pourtant avec une «insuffisance» (un manque) qui se rapporte à l'acceptabilité, à savoir que les interlocuteurs devraient (ou pourraient) prendre position à son égard par un oui ou un non. Cette manière d'appréhender l'interprétation modifie les données dans le sens précis qu'elle est accueillie argumentativement, qu'elle se déplace linguistiquement vers l'accueil intersubjectif de tous, des hommes et des femmes ordinaires ayant une compétence langagière.

Le contraste philosophique de tout cela est le plus frappant à l'égard de la philosophie herméneutique de Gadamer – en général emblématique et paradigmatique dans le domaine - où se valorise l'histoire et le contexte – qu'Habermas ne conteste pas en soi -, car dans un contre-positionnement il met l'emphase sur la situation argumentative réelle (sur espace public) comme prégnant des forces communicationnelles ou encore en tant qu'un champ démocratiquement ouvert par la force de l'agir communicationnel. On remarque ainsi une constance dans l'œuvre de Habermas, à savoir que la réalité est toujours ouverte par et pour les individus en chair et en os (et pour leur seul profit) de même que pour leur «émancipation» politique et démocratique, sans aucun filet de sécurité quant aux résultats et surtout la conscience douloureuse que les forces de l'hétérogénéité sont toujours là et qu'elles sont souvent plus fortes que les forces de l'émancipation.

Affirmons en somme que la théorie de l'agir communicationnel est avant tout une «appropriation» pratique de la réalité, du monde vécu, de la démocratie, voire du «droit» (i.e. la législation politique) qui se confirme sous le mode d'une épistémologie qui cherche à sonder les possibilités de «donner un sens» qu'englobent nos différents mondes réels et nos façons de vivre ensemble que ce soit communautaires, sociales, nationales, internationales et mondiales. Il s'agit d'un paradigme épistémologique qui cherche à travailler sur ce «donner un sens» et de le faire en reconnaissant que le «possible» et le «réalisable» ne devraient être, dans une démocratie digne de ce nom, que ce que les citoyens veulent vraiment. Le paradigme de l'agir communicationnel se caractérise tel quel par des interlocuteurs qui, en tout autonomie, «testent» ou «expérimentent» les croyances, les idéologies, les interprétations, les arguments et la compréhension que nous accordons à nos réalités. Ceci permet, d'un côté, d'établir une barrière épistémologique à l'égard des hétéronomies qui ne se réjouissent guère de l'autonomie de l'être humain et, de l'autre, d'apprécier la quête de ce «donner un sens» comme l'œuvre de tous intersubjectivement et sans aucun privilège, pour tous.

Nos essais ici rassemblés sous l'intitulé : «Droit et Agir communicationnel : Penser avec Habermas» s'insèrent en amont de «Rawls ou Habermas. Une question de philosophie du droit» (2001/2002) et de «Habermas, droit et démocratie délibérative» (2010). Le lecteur pourrait être tenté de suivre l'ordre chronologique et de commencer par le présent livre – dont les essais ont été écrits de 1989 à 1992 – et de remonter intellectuellement. Nous recommandons plutôt de faire le contraire, c'est-à-dire de commencer en 2010 pour aller vers 2001/2002 et pour finalement se retrouver dans les réflexions présentes sur l'agir communicationnel. Le plus important reste toutefois de comprendre et de considérer les trois livres comme un ensemble, un tout.

Quant à notre interprétation de Habermas, spécifions que nous utilisons le paradigme même de l'agir communicationnel pour comprendre, pour «donner un sens». Il s'agit ici d'un livre de dialogue, voire de «dialectique», à l'égard d'une exigence de modernité juridique dont il convient toujours de préciser, d'expliquer et de dessiner intellectuellement les contours et les horizons. Il convient donc de lire Habermas comme il a lu les classiques, à savoir en relativisant la logique du commentaire et de l'explication au profit d'un travail qui «épuise le texte systématiquement» pour ensuite faire «le travail du texte» dialectiquement afin de lui donner un sens. Notre livre se veut avant tout un dialogue ouvert et public avec Habermas et un acte en faveur d'une modernité juridique démocratique.

Nous republions nos articles tels quels, sans changements et sans nouveaux développements. Si le désir nous a littéralement assailli de faire des changements radicaux et d'additionner des approfondissements théoriques, nous avons avec lucidité renoncé au chant des sirènes. Nous nous sommes restreints à faire des corrections de style et à redresser des formulations susceptibles de créer des confusions, sinon d'embellir nos textes pour le bénéfice de nos lecteurs. Quant à la bibliographie nous l'avons également laissée en état, ajoutant toutefois les traductions en langue française intervenues après la rédaction de nos textes.

Ce livre a donc pour but de démontrer que la théorie de l'agir communicationnel représente le lieu commun où s'accordent le droit, la politique, la démocratie, la constitutionnalité et le constitutionnalisme dans la pensée de Habermas.

Québec, janvier 2012.

Bjarne Melkevik

## I. Le modèle communicationnel en science juridique: Habermas et le droit.

Ces dernières années, nous avons été témoins d'une réhabilitation significative de la philosophie pratique. Innombrables sont les travaux qui, dans le cadre de ce nouvel intérêt, ont tenté de saisir le sens et le but d'un monde où «l'action» est devenue un paradigme de premier plan. D'une part, nous assistons ainsi au rejet ou, du moins, à une distanciation par rapport à la pensée utilitariste ou empirique qui a dominé le monde juridique et la politique et, d'autre part, nous observons l'apparition de nouveaux soucis engendrés par les problèmes normatifs inédits auxquels sont confrontées nos sociétés modernes et pluralistes. Devant la crise de la rationalité, l'omniprésence d'un modèle techniciste, le rejet d'une politique des «biens communs» et des «valeurs communes», une philosophie pratique s'avère une condition primordiale pour faire face aux problèmes normatifs de notre modernité. Nous estimons que la science juridique a beaucoup à apprendre de ce retour vers la philosophie pratique, laquelle était d'ailleurs l'accompagnement traditionnel du droit. Par conséquent la science juridique, qui est également confrontée aux problèmes du sens de notre société, doit se questionner sur les modèles scientifiques qui structurent son interprétation du droit afin de savoir s'ils répondent à ces nouveaux défis.

Le philosophe allemand Jürgen Habermas a été une des figures principales de la réhabilitation de la philosophie pratique. Il a, entre autres, développé un modèle de scientificité qui a suscité un intérêt grandissant surtout chez les juristes-sociologues mais aussi, dernièrement, chez les juristes qui ont des préoccupations méthodologiques et épistémologiques. Nous croyons que l'interrogation qui s'impose sur le bien-fondé de nos méthodes et de nos épistémologies peut y trouver de nouveaux éclairages.

Il s'agit ainsi d'analyser, d'interpréter et d'évaluer le modèle communicationnel de Habermas dans l'optique de son application en science juridique. Notre hypothèse consiste à soutenir que Habermas a su mieux que quiconque saisir les aspects significatifs de la science juridique et que son modèle peut nous aider à réfléchir sur les processus de justification et d'évaluation inhérents à tout système juridique. Par conséquent, nous nous concentrons avant tout sur l'utilité et la pertinence du modèle communicationnel en tant que théorie pratique du droit; ce qui nous amène à laisser dans l'ombre plusieurs questions relatives au droit les réservant pour une autre occasion.

Présentons brièvement le philosophe Jürgen Habermas en insistant sur le fait qu'il est aujourd'hui une figure de proue de la philosophie allemande et que sa pensée est mondialement connue. Il a d'abord été considéré comme l'héritier de l'École de Francfort – ayant été l'assistant d'Adorno - mais rapidement l'inspiration hégélien-marxiste et freudienne de ses premiers écrits s'est enrichie de la philosophie analytique du langage, de la sociologie et de la réflexion éthique. Depuis la fin des années 70, Habermas s'est tourné vers la théorie de l'action et a développé, dans ce cadre, un modèle de scientificité communicationnelle. Ses œuvres les plus retentissantes, publiées au cours des dernières années, sont *Théorie de l'agir communicationnel, Morale et communication* et *Le discours philosophique de la modernité* [1] qui feront l'objet de notre présent essai.

---

[1] Jürgen Habermas, *Le discours philosophique de la modernité. Douze conférences*, Paris, Gallimard, 1985; idem, *Morale et communication*, Paris, Cerf, 1985; idem, *Théorie de l'agir communicationnel, tome 1: Rationalité de l'agir et rationalisation de la société, Tome 2: Pour une*

Le modèle communicationnel de Habermas a été élaboré dans un dialogue avec des penseurs venus d'horizons très différents. Il est ainsi possible de considérer ledit modèle comme la résultante d'un dialogue avec des penseurs comme Wittgenstein, Austin, Hare et Toulmin pour la théorisation du langage éthique, avec Lorenzen et Schwemmer (École d'Erlangen) pour la théorie de l'intersubjectivité, avec Chaïm Perelman pour la théorie de la rhétorique en droit. Ainsi, le caractère dialogique de la pensée de Habermas, qui établit ses avancées théoriques dans une perspective ouverte, et le caractère synthétique de son œuvre rendent parfois la lecture de ses écrits difficile pour le lecteur étranger aux présupposés de ces dialogues et aux préalables théoriques implicites.

Dans le présent article, nous procéderons comme suit: dans une première partie, nous exposerons le modèle communicationnel de Habermas en insistant sur les traits caractéristiques de ce modèle et en soulignant les aspects qui peuvent nous servir comme référence de recherche juridique. Dans un deuxième temps, nous évaluerons plus en détails les différents aspects de ce que nous considérons important pour un modèle de science juridique. Ainsi, nous nous interrogerons sur la conception de la rationalité véhiculée par le modèle communicationnel, puis sur la méthodologie qui en découle; ces deux derniers aspects constituant des préoccupations primordiales de la science juridique d'aujourd'hui. En conclusion, nous nous pencherons sur la nature du modèle juridique qui pourrait le mieux répondre aux exigences de la société moderne.

---

*critique de la raison fonctionnaliste*, Paris, Fayard, 1987; idem, *Logique des sciences sociales et autres essais*, Paris, Presses universitaire de France, 1987.

## Le modèle communicationnel de Habermas

Définissons tout d'abord les caractéristiques du modèle de scientificité communicationnel de Habermas afin de situer notre analyse du point de vue de la science juridique.

Il convient de caractériser le modèle communicationnel comme un modèle de pensée établi sur l'idéal d'une intersubjectivité. Ainsi, sa spécificité est la relation entre un sujet et un autre sujet. Le schème traditionnel d'un sujet de connaissance vis-à-vis d'un objet de connaissance est éliminé au profit d'une telle relation intersubjective. Ce modèle fait de l'action intersubjective le cadre scientifique à partir duquel peuvent être analysés les résultats de l'agir social. Par conséquent, le critère d'intersubjectivité peut être défini comme l'idéal scientifique qui sert aussi bien à mettre en marche la recherche scientifique qu'à orienter une pratique qui garantisse sa validité et sa pertinence.

Pour saisir le point d'ancrage de ce critère d'intersubjectivité, il faut le resituer à l'intérieur de sa condition de possibilité, c'est-à-dire dans la philosophie du langage. En effet, le critère d'intersubjectivité prend racine dans le cadre d'une communication langagière entre un locuteur et un auditeur. Selon Habermas, il existe deux modes d'utilisation du langage. Il désigne le premier comme l'usage cognitif caractérisé par un locuteur qui est en “communication” avec un auditeur “à propos” de quelque chose, où le locuteur exprime donc ce qu'il veut dire. Le deuxième est l'usage communicationnel du langage caractérisé par le dessein du locuteur d'accéder, avec son auditeur, à la compréhension commune d'une situation.

Ces deux modes d'utilisation du langage établissent deux attitudes différentes à l'égard de quelque chose ou d'une situation dans le monde. Celui qui veut «dire quelque chose à quelqu'un» adopte une attitude objectivante du fait que l'on présuppose une relation entre ce que l'on dit des choses et les choses telles qu'elles se manifestent. Par contre, dans le cas de celui qui adopte une attitude communicationnelle, on entre alors dans une sphère d'intercompréhension où le langage sert à partager quelque chose «avec» quelqu'un d'autre. Habermas spécifie cet usage comme suit:

> Celui qui (...) prend part à des processus de communication, en disant quelque chose et en comprenant ce qui est dit, que ce soit une opinion qui est rapportée, un contrat qui est établi, une promesse ou un ordre qui sont formulés, ou encore que ce soient des avis, des souhaits, des sentiments ou des humeurs qui sont exprimées, celui-là doit toujours adopter une attitude performative. [2]

Habermas fait ressortir ici la dimension performative du locuteur dans l'interaction communicationnelle : la perspective d'intercompréhension coordonne les projets par le fait que l'on doit s'entendre sur quelque chose qui existe dans le monde, sur une situation. L'attitude communicationnelle, en impliquant le sujet de façon performative dans son attitude face à l'autre sujet, fait éclater le rapport d'objectivation face à l'autre en tant qu'objet. De plus, l'attitude communicationnelle projette la question de la scientificité «dans une structure qui se définit à travers le système que forment, en s'entrecroisant réciproquement, les perspectives des locuteurs, des auditeurs et des personnes présentes ne participant pas encore à l'interaction» [3]

Nous reviendrons ultérieurement sur ce que cela signifie en tant que paradigme pour l'interprétation du droit, mais retenons

---

[2] *J. Habermas, Morale et communication, op.cit.*, p.46.

[3] *J. Habermas, Le discours philosophique de la modernité. Douze conférences, op.cit.*, p. 351.

pour l'instant que Habermas remplace le modèle scientifique de la connaissance des objets par celui de l'entente entre des sujets capables de parler et d'agir. C'est ainsi que le fait de pouvoir parler et agir dans une société nous confère une compétence individuelle qui confirme le caractère communicationnel de notre monde vécu en commun.

Précisons l'orientation de la pensée de Habermas. Il nous amène à considérer que le locuteur et l'auditeur établissent les significations à partir de leur expérience respective de leur monde vécu. Ainsi la question du sens, sans laquelle il n'existerait pas de scientificité, relève essentiellement de la communication intersubjective. Cette communication enracine donc le sens, tout comme la rationalité qui lui est rattachée, dans une perspective reposant simultanément sur quelque chose qui existe dans le monde social – la totalité des relations interpersonnelles légitimement établies - et sur quelque chose qui existe dans le monde subjectif du locuteur et de l'auditeur. Ce sens prend toute sa valeur du fait que les sujets l'établissent par voie de communication et qu'il s'enracine dans leur vision respective du monde.

Faisons un pas de plus dans notre démarche et en nous demandant ce qui en résulte par rapport au critère de scientificité de l'intersubjectivité. D'après Habermas:

L'attitude performative permet une orientation mutuelle vers les exigences de validité (telle la vérité, la justesse normative et la sincérité), que le locuteur émet en escomptant une prise de position par oui ou par non de la part de l'auditeur. Ces exigences réclament une évaluation critique telle que la reconnaissance intersubjective, supposée par toute exigence particulière, puisse servir de base à un consensus rationnellement motivé. En adoptant une attitude performative, le locuteur et l'auditeur sont impliqués, en même temps, dans les fonctions que les actions communicationnelles remplissent afin de reproduire le monde vécu qu'ils ont en commun.[4]

Dans le modèle communicationnel de Habermas, le locuteur et l'auditeur attachent implicitement une exigence assertorique de validité à tout énoncé. Ainsi, alors que tout locuteur et tout auditeur cherchent à arriver à une intercompréhension dans des situations pratiques en vue de coordonner leurs actions mutuelles, ils doivent émettre des prétentions à la validité qui correspondent à chaque catégorie d'énoncé. Ce qui nous permet de classifier les assertions performatives par rapport, d'une part, à leur fonction pragmatique, c'est-à-dire en tant que type de relation au monde et, d'autre part, à leur exigence de validité. Ainsi:

(1) Les actes de langage «constatifs», c'est-à-dire ceux qui constatent, proposent, définissent quelque chose, ont une exigence de validité de l'ordre de la vérité.

(2) Les actes de langage «normatifs», c'est-à-dire ceux qui prescrivent, promettent, régulent, ont une exigence de validité de justesse ou de légitimité.

3) Les actes de langage «expressifs», c'est-à-dire ceux qui expriment des sentiments, des humeurs ou des goûts, ont une exigence de validité, de sincérité ou d'authenticité.

Les trois exigences de validité correspondent aux fonctions cognitive, pratique et expressive de la rationalité qui sont combinées dans la perspective d'un acteur pouvant utiliser tout le système des relations au monde et des exigences de validité en vue de coordonner l'action communicationnelle. Dans le modèle communicationnel, le sujet peut différencier, de façon réflexive, les trois types de relations au monde et il peut choisir celle qui sera la plus appropriée, dans une situation donnée, pour

---

[4] *J. Habermas, Morale et communication, op.cit.*, p. 46.

interpréter une situation et développer une définition de celle-ci qui puisse être acceptée par tous. Le modèle communicationnel constitue donc un outil pour décoder et déchiffrer le potentiel de sens véhiculé par le langage et, par conséquent, pour émettre un jugement.

Pour mieux comprendre comment ce modèle communicationnel peut constituer une théorie du jugement, nous devons revenir sur la procédure de validation des énoncés à travers leurs exigences à la validité. La façon de valider un énoncé consistera ainsi selon Habermas à thématiser et à rendre explicite l'exigence ou les exigences de validité qui lui sont inhérentes, afin de pouvoir en démontrer la légitimité dans une discussion. Les énoncés «constatifs» seront subséquemment vérifiés dans des discussions théoriques et les énoncés «normatifs» dans des discussions pratiques, alors que les énoncés «expressifs» seront validés par la conformité des actions par rapport au contenu propositionnel de l'énoncé. Les discussions théoriques et pratiques serviront, par conséquent, d'instance de jugement où le but recherché sera le consensus rationnel obtenu à partir des raisons argumentées. La discussion faisant office de tribunal n'admettra qu'une seule procédure légitime pour établir le consensus : que seule la force du meilleur argument devra servir à juger de la validité d'un énoncé. Habermas veut ainsi écarter les consensus établis par compromis dans lesquels les jeux d'influence, les rapports de force politique, la coercition, la manipulation, etc. s'infiltreraient dans l'argumentation.

Ce tribunal communicationnel n'a cependant pas pour but de fixer une fois pour toute une façon unique d'aménager nos actions ou nos institutions. Au contraire, sa procédure garantit que toute position qui pourra s'établir sur des arguments rationnels aura voix au chapitre et pourra engager un dialogue pour se faire valoir sur la base de la recherche d'un consensus établi discursivement. Les discussions ont pour fonction de prendre en considération les positions de tous les intervenants concernés dans l'évaluation d'une situation donnée. Il s'agit, bien entendu, d'un idéal que pose Habermas et ce dernier est le premier à reconnaître que la réalité empirique est souvent loin de correspondre à la description qu'il fait des discussions. Cependant, cet idéal proposé sert concrètement à évaluer et à critiquer contre-factuellement les pratiques quotidiennes ; il s'agit d'une instance critique qui doit servir à réviser nos pratiques toujours déficientes et à les reconsidérer. C'est donc en vertu d'un tel idéal que l'on peut affirmer que tout individu peut légitimement contester les conventions sur lesquelles reposent les règlements institutionnels qui régissent la société afin d'en interroger le bien-fondé. Ce modèle communicationnel laisse, par conséquent, une place aussi bien à la tradition qu'à la raison dans son rôle de critique des traditions.

Malgré le caractère succinct de notre analyse, nous tirons deux conclusions de ce que nous venons de constater. En revenant sur l'orientation normative et ensuite sur le caractère procédural de ce modèle communicationnel, il convient d'affirmer que :

(1) Le modèle communicationnel est un modèle normatif en ce sens qu'il nous sert à sélectionner des normes relatives à l'agir communicationnel. Ainsi, ce modèle normatif consiste à faire appel à notre "devoir être" face à la responsabilité d'une position tant pratique que scientifique devant la complexité du monde de l'action.

(2) Le modèle communicationnel est un modèle procédural en ce qu'il nous sert à sélectionner des critères de procédure pour juger et évaluer une action communicationnelle. Le modèle procédural ne constitue pas l'action proprement dite mais au contraire une manière de concevoir et de concrétiser la forme de l'action communicationnelle.

En somme, suivant Habermas, ce sont les procédures démocratiques muent par des formes de communication multiples, nécessaires à une formation rationnelle de la manifestation de la volonté politique, qui doivent nous intéresser. Et si nous avons raison, il convient de se tourner vers la question du droit et de la rationalité en tant qu'accomplissement de ce souci démocratique.

## Le droit et la question de la rationalité

Le modèle communicationnel nous amène à considérer le droit à la lumière des rationalités qui peuvent être mobilisées pour formuler l'exigence du droit. Soulignons en conséquence que le modèle communicationnel de Habermas ne conçoit pas la question de la raison et de la rationalité selon la perspective héritée des lumières, c'est-à-dire comme établissant une raison absolue envers laquelle nous devons nous comporter d'une façon déductive ou inductive. Cette conception de la raison est contestée par Habermas qui considère qu'elle conduit nécessairement à l'enfermement dans un «monologisme» stérile. Habermas nous invite au contraire à concevoir la question de la rationalité dans la relation au monde impliqué dans les attitudes performatives que nous venons d'analyser auparavant. Cette perspective jette véritablement un éclairage nouveau sur la question de la rationalité.

En effet, la problématique de Habermas consiste à affirmer que la question de la rationalité repose sur différents modèles d'action; le fait d'opter pour un type d'action plutôt qu'un autre implique le choix d'une rationalité. Dès que nous avons compris dans quel modèle d'action nous nous situons, il est possible de réfléchir sur le modèle de rationalité qui y correspond le mieux. Ainsi en est-il surtout du droit qui, s'il se situe dans un champ d'action sociale, devra opter pour une rationalité pratique.

Considérons de la sorte les trois modèles d'action avant d'analyser le modèle communicationnel et la rationalité juridique.

### Le modèle d'agir téléologique

Ce modèle s'inscrit dans la relation entre un sujet et le monde objectif; le paradigme de ce modèle d'action est celui du scientifique qui objective son objet d'investigation afin de produire un discours propositionnel sur cet objet.

### Le modèle de l'agir régulé par des normes

Ce modèle est celui de la relation entre un sujet et un monde social. Ce monde social comprend un contexte normatif qui spécifie la nature des interactions appartenant à un corpus de relations interpersonnelles justifiées. Dans la mesure où les sujets reconnaissent ce monde social comme étant valide pour eux, ce monde prend alors pour eux une qualité de “devoir être”. La relation entre l'action et ce monde social peut être thématisée en tant que justesse normative ou légitimité normative.

### Le modèle d'agir dramaturgique

Ce modèle est celui de la relation entre un sujet et un monde subjectif. Le sujet, dans son action performative, représente son monde subjectif devant une audience constituée d'autres sujets. Par monde subjectif, nous entendons la totalité des expériences subjectives auxquelles le sujet a un accès privilégié. Le monde subjectif inclut donc les souhaits, les sentiments, les besoins, etc., que le sujet peut exprimer réflexivement et présenter sélectivement aux autres. Le type de rapport entre l'action et le monde est de l'ordre de la sincérité; nous pouvons juger cette sincérité par la conformité des actions du sujet à ses énoncés.

## Le modèle de l'action communicationnelle

Dans le modèle de l'action communicationnelle, le sujet doit se positionner par rapport aux trois mondes, c'est-à-dire respectivement le monde objectif, le monde social et le monde subjectif et, par le fait même, coordonner les modèles de rationalités qui y correspondent.

Habermas définit la rationalité communicationnelle comme suit:

> Ce concept d'une rationalité communicationnelle est chargé de connotations qui remontent, en dernière instance, à l'expérience centrale de la force propre au discours argumenté, capable de susciter un accord sans contrainte et de créer un consensus; au moyen de ce discours argumenté, les différents interlocuteurs dépassent la subjectivité initiale de leurs conceptions et, grâce à la communauté de leurs convictions rationnellement motivées s'assurent en même temps de l'unité du monde objectif et de l'intersubjectivité de leur vie. [5]

Il est possible, à partir de cette assertion, d'inférer que la rationalité communicationnelle nous fait entrer dans une logique de positionnement qu'il est possible de diviser en deux: d'abord un positionnement qui consiste à dégager les raisons inhérentes à toute activité communicationnelle et ensuite un positionnement qui consiste à reconstruire, à partir de la base de validité, un concept de rationalité qui peut générer, autant que possible, un consensus. Voyons plus en détails ces deux aspects.

D'abord, lorsqu'il s'agit de dégager les raisons inhérentes à une activité communicationnelle, cela implique qu'il faille honorer les

---

[5] J. Habermas, «Explications du concept d'activité communicationnelle», (1982), dans, idem, *Logique des sciences sociales et autres essais*, op.cit., p. 445.

prétentions à la validité par des arguments qui font ressortir, sur «la place publique», les raisons que l'on peut avoir de les soutenir. Habermas rattache cette dimension de la rationalité communicationnelle à une théorie de l'argumentation qu'il décrit comme suit:

Nous appelons argumentation le type de discours où les parties prenantes thématisent des prétentions à la validité qui font l'objet de litiges, et tentent de les admettre ou de les critiquer au moyens d'arguments. Un argument contient des raisons qui sont systématiquement reliées à la prétention à la validité d'expressions problématiques. La "force" d'un argument se mesure, dans un contexte donné, au bien-fondé des raisons; ce bien-fondé se montre, entre autres, dans la capacité d'une expression à convaincre les participants d'une discussion, c'est-à-dire à motiver l'admission d'une prétention à la validité. [6]

Par conséquent, dans l'obligation de se situer par rapport aux mondes objectif, social et subjectif, se dévoile ici la possibilité de faire valoir les raisons qui peuvent soutenir les prétentions à la validité. La question de la rationalité renvoie donc à un contexte systématique de prétention à la validité.

Ensuite, la deuxième étape, consiste à reconstruire un concept de rationalité. Par le concept de «reconstruction», Habermas veut introduire une instance de réflexion sur les raisons qui peuvent soutenir les prétentions à la validité. Il est possible de rattacher cette reconstruction au fait que les trois rationalités des mondes d'action sont soumises, pour Habermas, à l'exigence d'universalité. Ce principe d'universalité est défini comme suit:

Toute norme valable doit (...) satisfaire la condition selon laquelle les conséquences et les effets secondaires qui (de

---

[6] J. Habermas, *Théorie de l'agir communicationnel, Tome 1: Rationalité de l'agir et rationalisation de la société*, op.cit., p. 34.

manière prévisible) proviennent du fait que la norme a été universellement observée dans l'intention de satisfaire les intérêts de tout un chacun peuvent être acceptés par toutes les personnes concernées (et préférés aux répercussions des autres possibilités connues de règlement). [7]

Il faut d'abord faire observer que la notion d'universalité n'a pas le même sens que dans l'héritage de Kant. Loin de concevoir l'universalité comme une relation «monologique» entre un énoncé ou un sujet et une pure idée d'universalité que l'on tenterait de formaliser à l'aide de nos faibles capacités humaines, Habermas conçoit plutôt ce concept dans une perspective dialogique où le sens de l'universalité est rattaché aux exigences de validité. La question de la reconstruction de la rationalité et le concept d'universalité se joignent précisément au point où le consensus établi communicationnellement dépend des intérêts communs à tout individu concerné dans une reconnaissance universelle. C'est ainsi qu'un moment "critique" est légitimé sur une base normative.

Considérons ensuite les conséquences de ce modèle pour la conception de la rationalité en science juridique.

Le premier point saillant consiste à dire que la prétention à la rationalité du droit engage ce dernier dans une théorie de l'argumentation où le meilleur argument doit prévaloir. Dans la logique qui sous-tend la théorie de l'argumentation, nous avons bien fait ressortir que le meilleur argument doit prévaloir dans la mesure où une prétention à la validité est honorée dans une discussion raisonnée. De plus, ce «meilleur argument» doit être soumis à une exigence d'universalité. Par conséquent, le droit en tant qu'activité rationnelle sera soumis aux «règles du discours». Cette possibilité de justifier l'argumentation en droit qui nous est

---

[7] *J. Habermas, Morale et communication*, op.cit., p. 86-87.

donnée par le modèle communicationnel a d'ailleurs déjà été soulevée par la théorisation de l'argumentation juridique de Robert Alexy[8] sans toutefois, selon nous, en épuiser toute la richesse.

Le deuxième point important est que ce modèle de rationalité communicationnelle nous donne également la possibilité de nous rapprocher de la rationalité, comme de l'argumentation, du point de vue de la complexité sociale. Mieux que tout autre modèle de la théorie de l'action, Habermas nous fournit les moyens de nous distancer du dogmatisme et du formalisme en ce que sa théorie permet une évaluation de la rationalité des arguments, laquelle présuppose la médiation d'une discussion pratique entre tous les participants. Ce procédé est certainement le plus apte à mobiliser l'exigence de rationalité dans une société comme la nôtre qui est caractérisée par un haut degré de complexité et où le pluralisme est devenu une donnée courante de la vie en société.

## Le droit et la méthodologie

Abordons subséquemment la question relative à la signification de ce modèle communicationnel pour la méthodologie juridique. Dans cette perspective, nous privilégierons la théorie de l'interprétation que propose ce modèle.

Avant de nous tourner vers l'interprétation des sources du droit en tant qu'activité communicationnelle, il est utile de faire un petit excursus supplémentaire vers le modèle «monologique» auquel s'oppose la conception communicationnelle de Habermas. Ce dernier constate que le modèle dominant dans les sciences interprétatives est celui d'un observateur en position de tiers par

---

[8] Robert Alexy, *A Theory of Legal Argumentation: The Theory of Rational Discourse as Theory of Legal Justification*, Oxford, Clarendon Press, 1989.

rapport à son objet. Ce modèle interprétatif pose la question de la possibilité de l'intercompréhension alors que l'interprétation et la connaissance sont posées de façon «monologique», c'est-à-dire par un sujet isolé. Le regard objectivant de l'interprète réifie non seulement l'objet mais également l'interprète qui doit faire abstraction de lui-même et de sa propre situation dans son acte interprétatif.

Pour sortir de l'impasse du modèle monologique, il faut nécessairement repenser le rôle de l'observateur qui considère son objet comme une chose ; pour le droit, cela signifie sortir d'un questionnement «objectif» sur la nature supposée du droit afin d'opter pour un questionnement sur «ce que demande le droit». Une telle perspective implique nécessairement que l'interprète se situe dans une position intersubjective, c'est-à-dire comme participant qui cherche à dégager la question de la validité présupposée par une telle position. Conséquemment, l'interprète doit d'emblée jouer un rôle performatif dans lequel le locuteur et l'auditeur cherchent à s'entendre sur une situation donnée en vue de la maîtriser, l'objectif étant, bien entendu, d'engendrer une interdépendance entre les participants qui les implique dans la recherche d'un accord rationnellement motivé.

Ceci étant dit, tournons-nous aussitôt vers la question de l'interprétation du droit, ou plus précisément des sources du droit, en tant qu'activité communicationnelle. Considérons tout d'abord que l'interprète, en prenant part à des activités communicationnelles, doit accepter un statut identique à celui dont il veut comprendre les énoncés : il faut donc accepter d'entrer dans une interaction entre locuteur et auditeur afin d'instaurer une compréhension quant aux exigences de validité impliquées dans les énoncés. La question de l'interprétation se pose donc dans le modèle communicationnel à deux niveaux : l'un concernant les raisons qui composent les énoncés et l'autre concernant la rationalité impliquée dans les énoncés. Pour comprendre le premier niveau d'interprétation, référerons-nous directement à Habermas:

> Les interprètes ne comprennent (...) la signification d'un texte que dans la mesure où ils voient pourquoi l'auteur s'est senti autorisé à présenter (comme vraies) certaines affirmations, à reconnaître (comme justes) certaines valeurs et certaines normes, à exprimer (comme sincères) certaines expériences vécues (en les attribuant éventuellement à d'autres). Si tant est que les difficultés que le texte présente aujourd'hui n'apparussent pas (du moins pas avec la même obstination) à l'époque où le texte fut rédigé, les interprètes doivent éclairer le contexte dont l'auteur a dû présupposer qu'il appartient au savoir commun du public qui lui était contemporain. Cette démarche s'explique par la rationalité immanente que les interprètes imputent à tous les énoncés, pour autant qu'ils les attribuent à un sujet dont ils n'ont aucune raison de mettre en doute la responsabilité. [9]

L'interprétation se résume d'abord à formuler les arguments à partir d'un énoncé (ou un texte) en prenant conscience des raisons que l'auteur aurait pu invoquer pour les justifier. L'interprète procède donc en inférant des raisons qui, du point de vue de l'auteur, font apparaître les énoncés comme étant rationnels; il s'agit donc de faire ressortir les raisons de l'auteur comme autant d'arguments rationnels. On suppose alors que le discours ou le texte interprété est rationnel et que le discours ou le texte est justifié dans la mesure où l'exigence de rationalité fait elle-même partie d'un système de valeur cohérent. Même si la citation de Habermas peut, à première vue, donner l'impression d'évoquer une rationalité contextuelle, il faut bien comprendre que l'exigence de rationalité renvoie à la question de la rationalité comme valeur même de l'être humain.

---

[9] Jürgen Habermas, *Morale et communication*, *op. cit*, p. 51.

Le deuxième niveau d'interprétation consiste à interpréter les raisons trouvées dans le discours. C'est une interprétation de la rationalité même des raisons, ainsi que :

> ... les raisons ne peuvent être comprises que dans la mesure où elles ont été prises au sérieux - et évaluées- en tant que raisons. C'est pourquoi les interprètes ne peuvent élucider la signification d'une expression obscure que s'ils expliquent comment cette obscurité s'est instaurée, et s'ils disent pourquoi les raisons que l'auteur aurait pu invoquées dans le contexte qui était le sien ne sont plus recevables. [10]

Par conséquent, l'évaluation des raisons doit être comprise en faisant appel au modèle de rationalité présumée universelle. C'est ainsi que les exigences de vérité, de normativité et de sincérité peuvent représenter des modalités d'une rationalité universelle envisagée dans le sens où elles sont acceptables par tous dans des conditions appropriées.

Précisons davantage l'application de cette théorie en science juridique en insistant ensuite sur l'agir communicationnel en tant que paradigme de rationalité; d'abord la rationalité comme *locus* (i.e. lieu) d'une dialectique entre compréhension et sens commun et ensuite, la rationalité en tant que médiation entre une raison énoncée et une rationalité évaluatrice.

D'abord, insistons sur le fait que le juriste, face à une situation donnée, intervient en tant que tierce personne. Il arrive comme un interprète du monde des actions qu'il doit comprendre et ultimement juger. La fonction interprétative, pour Habermas, implique que l'interprète soit capable de dégager et de thématiser les raisons que l'auteur ou le locuteur peut avancer pour valider ses énoncés. L'interprète doit pouvoir se situer lui-même dans une attitude performative par rapport aux énoncés qu'il doit

---

[10] *J. Habermas, Morale et communication, op.cit.*, p. 52.

comprendre : il doit prendre position vis-à-vis des raisons soulevées par le locuteur. C'est ce que Habermas propose lorsqu'il dit que, dans l'interprétation, le sens et la validité d'un énoncé sont liés : pour comprendre le sens d'un énoncé, l'interprète doit pouvoir en dégager les prétentions implicites à leur validité. L'interprète doit évaluer le degré de rationalité impliqué dans un énoncé. Le critère de rationalité joue un rôle tout à fait particulier dans cette évaluation puisqu'il représente le critère ultime. C'est ainsi que l'on peut dire que la raison communicationnelle est constituée des trois rationalités des mondes d'actions soumises à l'exigence de l'universalité.

Précisons ensuite que le modèle communicationnel de Habermas pose ainsi la question de l'interprétation du droit en fonction d'un modèle de relation entre une raison énoncée et une rationalité évaluatrice. La perspective des raisons énoncées amène l'interprétation du droit à considérer le monde vécu dans toutes ses composantes. Il ouvre donc l'interprétation du droit sur ses propres dimensions sociale et historique. Il la déploie en légitimant une meilleure compréhension de l'intersubjectivité sociale et historique. Il en est de même avec la rationalité évaluatrice dans la mesure où toute interprétation est une évaluation qui amène une réflexivité critique sur le droit. Par conséquent, ce modèle nous amène à toujours évaluer les dimensions sociale et historique d'un discours dans la perspective de la rationalité qu'il comporte. Nous avons ici des procédures qui nous indiquent comment introduire un test, ou une évaluation, qui nous permet d'assumer une telle position.

Une telle interprétation du droit donne aux juristes une perspective ouverte sur le droit et sur ses prémisses puisque l'ouverture du droit dont il est question ici renvoie toujours à la question du statut pratique (et théorique) du droit en tant que science pratique. Il nous apparaît alors que le modèle communicationnel permet de la sorte d'évaluer et d'assurer le statut pratique (et théorique) du droit et ce, mieux que ne l'a fait l'usage de l'interdisciplinarité en droit. En effet, le modèle interdisciplinaire a provoqué avant tout, au pire, un reniement même du droit et, dans le meilleur des cas, un obscurcissement de la perspective juridique. Tout au plus, cette idéologie interdisciplinaire a servi à justifier l'utilisation des méthodes des sciences de l'observation en droit avec, pour résultat, l'impossibilité de penser la dimension pratique du droit.

## Conclusion

Le modèle communicationnel de Habermas nous propose en somme une conception procédurale du droit. Il remplace la question de la nature présumée du droit, en d'autres mots la substance hypothétique du droit, par une question relative à "ce que demande le droit". Ainsi le poids de la signification du droit est déplacé vers l'actualisation d'une relation intersubjective, le droit représente un choix collectif ou mieux un choix social qui s'établit pratiquement sur un discours en autonomie entre tous les sujets concernés.

«Ce que demande le droit» en tant que procédure, tant démocratique que judicaire, ne peut donc jamais être fixé à l'avance. Il s'agit d'une exigence juridique ouverte aussi bien en raison des contextes sociaux actuels et historiques que parce que les contraintes qui découlent d'une situation nécessitent un nouvel enracinement pouvant favoriser la rationalité communicationnelle. Le droit se comprend en conséquence en tant que phénomène social et historique en évolution, en transformation continuelle.

La conception procédurale du droit n'est nullement étrangère aux juristes si l'on se remémore par exemple la phrase célèbre d'Ulpien: ius suum cuique tribuere [11] (i.e. donner à chacun ce que lui revient par un procès juste et équitable). Cet essai démontre cependant que les assertions pratiques et théoriques de la conception procédurale de Habermas ne procède pas d'idées classiques et qu'elle est riche en perspectives inédites pour le droit et la science juridique.

[11] Eneo Domizio Ulpiano (ou Eneus Domitius Ulpianu - AD 170 - 228), «Iustitia est constans et perpetua voluntas ius suum cuique tribuendi, Iuris praecepta sunt haec: honeste vivere alterum non laedere, suum cuique tribuere.», dans Digeste, 1.1.10.

## II. TRANSFORMATION DU DROIT : LE POINT DE VUE DU MODÈLE COMMUNICATIONNEL

Dans le présent article, nous examinerons la transformation du droit dans la société contemporaine compris à partir de la théorie de l'agir communicationnelle du philosophe allemand Jürgen Habermas. Nous démontrons que la perspective du modèle communicationnel de Habermas peut être des plus fructueuses pour une réflexion sur la transformation du droit et que le besoin de nos sociétés modernes et pluralistes d'expliquer et de justifier (ou critiquer) les transformations juridiques peuvent y trouver une théorisation pertinente. Nous analysons en conséquence comment la prise en charge de la transformation du droit peut être faite rationnellement et ceci en nous situant sur un plan métathéorique. Nos réflexions sur ce modèle n'est de ce fait pas d'ordre descriptif mais s'effectue à l'intérieur de la discipline de la philosophie du droit, dans la tâche qu'elle se donne d'investir le modèle communicationnel comme étant un modèle ouvert de la pensée juridique.

Retenons que nous n'entendons pas examiner de la totalité de la pensée de Habermas relativement à la problématique de la transformation juridique. Il s'agit plutôt d'esquisser les grandes lignes directrices de sa pensée sur la transformation du droit et les conclusions qui peuvent en être tirées en nous inspirant des ouvrages de Habermas, en l'occurrence *Théorie de l'agir communicationnel*, *Morale et communication* et ses *Écrits politiques. Culture, droit et histoire*[12], de même que sur des

---

[12] J. Habermas, *Théorie de l'agir communicationnel, Tome 1: Rationalité de l'agir et rationalisation de la société, Tome 2: Pour une critique de la raison fonctionnaliste*, Paris, Fayard, 1987, 2 Vol. ; idem, *Morale et communication: conscience morale et activité communicationnelle*, Paris,

articles pertinents à nos propos. Ce qui nous amène à introduire deux restrictions à la présente étude : l'une relative au fait que nous ne voulons pas aborder la transformation juridique sous l'angle de son évolution historique et factuelle, et l'autre concernant l'utilisation que nous entendons faire du concept de modèle communicationnel.

La première limite s'impose en quelque sorte d'elle-même. En effet, même si les idées défendues par Habermas concernant la transformation historique du juridique et son évolution factuelle pouvaient donner un éclairage significatif sur sa conception de la transformation rationnelle, il n'en demeure pas moins qu'elles sont, dans une large mesure, construites à partir de considérations fort différentes de celles dont nous traitons ici. Ces considérations, reprenant la théorie du développement moral de Lawrence Kohlberg[13], donnent lieu à des propos historico-philosophiques à caractère «évolutionniste» qui demandent à être situés sur le fond de la controverse entre Kant et Hegel et ce, en référence aux problématiques wébériennes et marxistes. Se dessine alors une problématique spécifique qui exige un traitement particulier, différent de celui que nous entendons faire dans le présent cadre.

La deuxième limite tient, quant à elle, à notre utilisation du modèle communicationnel en science juridique. Nous avons déjà donné, dans un autre contexte, un aperçu des traits constitutifs de ce modèle tel qu'il a été développé par Habermas lui-même[14]. Pour un aperçu du modèle, nous nous permettrons en conséquence de faire référence à cette précédente analyse. La

---

Cerf, 1985 ; idem, *Écrits politiques: Culture, droit, histoire*, Paris, Cerf, 1990.

[13] *J. Habermas, Morale et communication: conscience morale et activité communicationnelle, op. cit.*, p. 131 - 204.

[14] Bjarne Melkevik, «*Le modèle communicationnel en sciences juridiques: Habermas et le droit*», (1990) 31 C. de D. 901; repris dans ce volume.

présente étude constitue plutôt un élargissement quant à l'intérêt que peuvent susciter les travaux de Habermas. Nous démontrerons que ceux-ci fournissent des occasions privilégiées de théoriser sur des aspects de la réalité juridique et nous nous appliquerons à en voir les incidences sur la problématique de la transformation juridique.

Nous procédons ainsi : dans la première partie, nous nous attardons à l'analyse du droit dans nos sociétés modernes tel que le perçoit Habermas. Nous constatons que Habermas a une conception bilatérale du droit, ce qui l'amène à poser le problème de la transformation du droit d'une manière bien précise. Dans la deuxième partie, nous analysons la formation même du droit qui procède de textes dite «juridiques» ayant obtenu une métavalidité sociale. Nous expliquons alors que Habermas conçoit la transformation juridique comme relevant d'une procédure normative à l'intérieur de laquelle les questions d'importance sociale peuvent être «thématisées» et traitées au moyen de l'argument utilisé afin d'obtenir un consensus respectant les intérêts de chacun.

## Le droit et la transformation du droit

La réflexion sur le droit de Habermas se construit à partir de la dichotomie qu'il pose entre «monde vécu» et «système»[15]. Il est par conséquent important d'insister sur le fait que sa conception de la société constitue l'enjeu premier de sa théorie. Le grand

---

[15] Pour l'exposé de cette dichotomie, voir *Jürgen Habermas, Théorie de l'agir communicationnel, op. cit.* ; pour son extension au droit, voir *«Law and Morality»*, dans Sterling M. McMurrin (dir.), *The Tanner Lectures on Human Values*, vol. 8, Salt Lake City, University of Utah Press et Cambridge, Cambridge University Press, 1988, pp. 217-279 (Traduction française: idem, *Droit et morale*, Paris, Seuil, coll. Trace Écrite, 1997).

bouleversement théorique qui est entrepris dans son ouvrage séminal, *Théorie de l'agir communicationnel*, publié en 1981, consiste en un déplacement du sens de la logique des sciences sociales vers une réflexion approfondie sur le social lui-même, c'est-à-dire une théorie de la société. Il s'agit désormais pour lui de définir les contours intersubjectifs d'un domaine de pratique, en l'occurrence de la société elle-même en tant que pratique sociale. En anticipant sur nos conclusions, nous pouvons dire dès maintenant que le concept clé du modèle communicationnel, à savoir l'activité communicationnelle, renvoie à cette conception de la société qui se réfère à l'activité humaine précisément orientée vers l'intercompréhension dont le monde vécu sera le dépositaire.

Habermas conçoit donc la «bilatéralité» du droit, d'une part, comme institution et d'autre part comme «médium» selon sa distinction entre monde vécu et système, ce qui l'amène à poser la question de la transformation juridique d'une manière tout à fait unique. Nous voulons d'abord analyser cette conception bilatérale du droit et, ensuite, préciser comment cela mène Habermas à élaborer deux théories de la transformation juridique. Nous distinguerons laquelle de ces théories est la plus pertinente, selon Habermas, et préciserons la signification de ce choix pour notre problématique.

## Une conception bilatérale du droit

Selon Habermas, le droit dans l'État du droit moderne se divise en deux logiques : d'une part, le droit comme médium et, d'autre part, le droit comme institution. Ces deux logiques répondent à la division entre la logique du système et la logique du monde vécu. Les distinctions qu'opère Habermas entre monde vécu et système sont les clefs de lecture pour comprendre sa pensée concernant la société. Ainsi, ces distinctions permettent d'envisager les phénomènes sociaux selon leur mode d'intégration sociale. La différenciation de l'intégration sociale révèle son sens dans les modes de coordination des actions. D'où la constatation de Habermas selon laquelle :

Dans les domaines de "l'intégration sociale" de l'agir les interactions sont connectées soit par l'arrière-fond intuitif du monde du vivant ; dans les domaines de "l'intégration systémique" les actions émergent objectivement pour ainsi dire "au-dessus de la tête des participants" et ceci par le biais des conséquences des actions qui s'entremêlent fonctionnellement et se stabilisent entre elles.[16]

Habermas introduit ainsi la perspective de l'action, de l'agir relevant d'une philosophie pratique, en tant qu'horizon de compréhension valant aussi bien pour le monde vécu que pour les systèmes. Cependant, il faut noter que c'est bien cette perspective de l'action qui légitime la distinction entre monde vécu et système, et ultimement la distinction entre droit comme moyen ou comme institution. Nous allons voir bientôt que la distinction se manifeste sur le plan de l'ordre juridique par un questionnement différent de la légitimation. Par rapport à la logique du système, cette perspective fait, littéralement, exploser les limites sociologiques à l'intérieur desquelles les systèmes ont été traités jusqu'ici au profit d'une interrogation privilégiant la perspective de leur rationalité sociale. C'est sur ce point précis que l'on peut apprécier comment le regard que Habermas est

---

[16] J. Habermas, *"Morality, Society and Ethic - An Interview with Torben Hviid Nielsen"*, Acta Sociologica, vol. 33, fasc. 2, 1990, p. 106; notre traduction de: *«In "socially integrated" areas of action the interactions are linked either via their intuitive background of the lifeworld; in "systemically integrated" areas of actions order emerges objectively so to speak "over the heads of the participants" and it does so via consequences of actions which interlock functionally and stabilize one another."*

amené à y poser est d'ordre métathéorique et nullement d'ordre sociologique.

## Le droit comme institution

Habermas caractérise le droit en tant qu'une institution comme suit :

Par institutions du droit, j'entends les normes juridiques qui ne sauraient trouver une légitimation suffisante dans le renvoi positiviste à des procédures. De cet aspect sont typiques des fondements du droit constitutionnel, les principes du droit pénal et de la procédure pénale, ainsi que toutes les réglementations de faits pénaux touchant à la morale (comme le meurtre, l'avortement, le viol, etc.). Dès que la validité de ces normes-là est mise en cause dans la pratique courante, le renvoi à leur légalité ne suffit plus. Elles exigent une justification matérielle parce qu'elles appartiennent aux ordres sociaux légitimes du monde vécu lui-même, et qu'elles constituent, avec les normes informelles de l'action, l'arrière-plan de l'agir communicationnel. [17]

Seul un retour aux idées de Habermas sur le monde vécu peut nous fournir un aperçu utile pour comprendre ce qu'implique cette conception du droit moderne.

Le concept de monde vécu renvoie, chez Habermas, à la pluralité des mondes qui sont et qui peuvent être vécus par les individus. Comme tel, le concept ne renvoie à aucune définition substantielle de ce vécu, mais plutôt à la différenciation structurelle que chaque individu fait ou peut faire de la culture, de la société ou de la «personnalité» d'un interlocuteur (ou de soi-

[17] Jürgen Habermas, *Théorie de l'agir communicationnel*, *Tome 2*: *Pour une critique de la raison fonctionnaliste*, *op. cit.*, p. 402.

même). Le monde vécu est ainsi un arrière-plan de compréhension langagière organisé et culturellement donné. Le monde vécu étant partagé et structuré intersubjectivement par la communication, il constitue un réservoir de sens pour les individus qui s'y réfèrent constamment.

Le monde vécu renvoie donc au bassin de connaissances symboliques qui ont été véhiculées par la culture et le langage. C'est pourquoi il n'y a pas d'une part «le monde» situé devant soi comme un objet réifié, ni d'autre part «l'observateur» de ce monde complètement coupé de celui-ci et qui en aurait une connaissance objective. Au contraire, le monde vécu constitue davantage un horizon possible de compréhension pour toute personne vivant en société puisqu'il est une ressource aussi bien personnelle que commune du sens disponible.

Soulignons que nous entrons dans le monde vécu par l'Intégration sociale, cette dernière comportant deux volets : la personnalisation et la socialisation. Chaque individu fait, selon Habermas, sa propre différenciation du monde vécu car ce dernier est pluraliste dans sa constitution même. Un monde universel homogène n'est pas un monde vécu.

Habermas considère en fait qu'il existe une corrélation intime entre le monde vécu et les différents types d'agir, à savoir l'agir téléologique, l'agir régulé par des normes, l'agir dramaturgique et l'agir communicationnel. C'est pourquoi nous ne pouvons jamais nous soustraire complètement de la langue et de la culture car notre propre différenciation du monde constitue notre ressource de compréhension et d'action. Le monde vécu est ainsi un monde à l'intérieur duquel nous nous situons tous comme des *participants*. Ce n'est que pour une certaine dimension de ce monde vécu qu'il nous sera possible d'adopter le point de vue d'un tiers ou d'un observateur. À croire Habermas :

Le monde vécu est quasiment le lieu transcendantal où se rencontrent locuteur et auditeur; où ils peuvent réciproquement prétendre que leurs énoncés coïncident avec le monde (le monde objectif, social et subjectif) et où ils peuvent critiquer et confirmer ces prétentions à la validité, régler leurs différends et parvenir à un accord.[18]

À partir de cette vision de la relation intime entre le monde vécu et les différents types d'agir, nous pouvons bien comprendre pourquoi Habermas considère que les types d'agir représentent les «médiums» pour le monde vécu ou, en d'autres mots, que les différents types d'agir représentent, actualisent et changent le monde vécu. On comprend alors pourquoi la reproduction symbolique de ce monde vécu passe nécessairement par une ouverture rationnelle lui permettant de se maintenir et de se renouveler par l'intercompréhension.

La conception du droit qui s'exprime dans la notion de droit comme institution est par conséquent un «droit» intimement rattaché au monde vécu. C'est un droit qui ne trouve sa raison d'être que dans la constitution même de ce monde vécu. Ainsi, ce droit repose sur la composante normative qui peut être mobilisée par ce même monde vécu, et cela selon des procédés que nous allons examiner ultérieurement. Par conséquent, ce droit se distingue par sa légitimation qui doit impérativement passer par le monde vécu.

## Le droit comme médium

Le droit comme médium est caractérisé ainsi par Habermas :

[18] J. Habermas, Théorie de l'agir communicationnel, Tome 2: Pour une critique de la raison fonctionnaliste, op. cit., p. 139.

(..) le droit [comme médium] sert d'instrument pour organiser les sous-systèmes régulés par des médiums, des sous-systèmes qui par ailleurs sont devenus autonomes par rapport aux contextes normatifs de l'agir orienté vers l'intercompréhension. Sur ce point, la plupart des matériaux juridiques de l'économie, des affaires, de l'entreprise et de l'administration sont significatifs. Le droit s'y combine avec les médiums de l'argent et du pouvoir de telle sorte qu'il assume lui-même une fonction de médium régulateur.[19]

De même que pour le droit conçu en tant qu'institution, il est nécessaire d'avoir recours au concept de système pour comprendre ce qu'implique cette conception du droit comme médium.

À travers le concept de système, Habermas pense aux sphères sociales plus ou moins autorégulées. L'État et son administration et le marché économique sont pour lui les figures centrales de ce qu'est le système. Un système est ainsi un ordre social qui peut être perçu par un observateur en tant que «système d'agir» à l'intérieur duquel les actions reçoivent une valeur fonctionnelle conditionnellement à leur contribution au maintien du système.

Selon Habermas, les trois médiums régulateurs fondamentaux des systèmes sont le pouvoir, l'argent et l'administration. Ces médiums demandent une attitude stratégique de la part des sujets. Ils servent par conséquent à consolider le système dont l'ordre semble avoir une existence objectiviste "au-dessus des têtes des participants". En effet, comme il l'écrit:

«Des médiums comme l'argent et le pouvoir partent d'obligations empiriquement motivées ; ils codifient le commerce rationnel en vue d'une fin avec des valeurs quantifiables et

[19] J. Habermas, Théorie de l'agir communicationnel, Tome 2: Pour une critique de la raison fonctionnaliste, op. cit., p. 401.

calculables, et rendent possible une influence stratégique généralisée sur des décisions d'autres participants de l'interaction» [20]

Il existe ainsi une disjonction entre système et monde vécu due au fait que dans la coordination de l'action des systèmes, la coordination de l'action et la formation du consensus par le langage sont séparées. Les médiums comme l'argent et le pouvoir deviennent en fait des moyens de communication sans langage et s'immiscent dans le lieu traditionnellement réservé au monde vécu car ils nouent dans le temps et l'espace des interactions qui forment des réseaux de plus en plus complexes.

Nous entrons dans les systèmes par l'intégration sociale. Or, l'intégration sociale dans les systèmes relève du fonctionnement ou des impératifs de ce système. Les personnes, en dépit de leurs qualités personnelles, ne sont plus que des rouages soumis aux impératifs du bon fonctionnement du système.

Le juridique, à l'intérieur de cette conception, n'est en somme plus qu'un «droit» qui exprime la logique du pouvoir et de l'argent. C'est un droit enfermé dans le sous-système qu'il organise pour le bon fonctionnement de l'économie et de l'administration. Le droit en sera réduit à une dimension techniciste qui se soumet d'emblée à la logique du système qu'il sert.

## Deux théories sur la transformation

L'État de droit comme lieu de transformation du droit se structure, selon Habermas, à partir de la disjonction entre système et monde vécu. Le droit comme institution et comme médium

---

[20] Jürgen Habermas, *Théorie de l'agir communicationnel. Tome 2: Pour une critique de la raison fonctionnaliste, op. cit.*, p. 200.

s'établit sur la logique même de la transformation du système et du monde vécu que nous avons esquissée. Il est maintenant possible d'expliquer le sens de cette perspective pour la théorie de la transformation juridique.

Nous prendrons comme point de départ le droit comme médium fondé sur la logique de la transformation du système. Comme l'affirme Habermas : «Les matériaux juridiques marqués par la technique et l'absence de morale, qui apparaissent dans le sillage des complexités du système économique et administratif, doivent être jugées au regard d'impératifs fonctionnels et de leur compatibilité avec des ordres supérieurs.» [21]

Ainsi, le critère du droit comme médium est d'être fonctionnel. Quoique ce droit puisse aussi être jugé dans sa compatibilité avec des principes supérieurs, si celui-ci n'entre pas en contradiction avec ceux-là, le critère de fonctionnalité constitue le seul paradigme adéquat pour le droit comme médium. C'est pourquoi la transformation du droit comme médium se fait sous le signe de la fonctionnalité des systèmes et qu'elle se soumet entièrement aux transformations survenues dans le système. Le droit comme médium, qui recouvre en général les champs du droit civil, droit économique et droit administratif, ne représente donc pas un problème proprement à la transformation juridique : il faut plutôt se demander si le droit comme médium accomplit fonctionnellement son rôle et, dans la négative, il faudra travailler pour qu'il s'y conforme. La problématique se situe plutôt dans son adaptation que dans sa transformation. Chose certaine, il ne s'agit ici que de constater une transformation factuelle ou fonctionnelle dans les systèmes et de s'assurer qu'elle est prise en considération par le droit comme médium dans le sens même de la logique du système, d'où la

[21] J. Habermas, *Théorie de l'agir communicationnel. Tome 2: Pour une critique de la raison fonctionnaliste*, *op. cit.*, p. 403.

constatation de Habermas: «Le droit appliqué comme médium de régulation se débarrasse de la problématique de la légitimation, et il est relié au corpus juridique, qui nécessite une légitimation de son contenu, uniquement par des procédures formellement correctes.» [22]

Il en va tout autrement pour le droit comme institution. En effet, les «institutions juridiques appartiennent à la composante sociale du monde vécu»[23] et elles appellent par conséquent une légitimation matérielle. En effet, à l'intérieur du présent cadre, le domaine du droit comme institution comprend la dimension des normes juridiques qui ont besoin d'une légitimation. À l'opposé de la logique des systèmes qui invite à évaluer le droit comme moyen en fonction des changements intervenus dans les systèmes en tant que données objectives, la compréhension du monde vécu comme monde intersubjectivement partagé exclut d'emblée tout recours à une quelconque objectivation. Dans une telle optique apparaît le sens et la pertinence du consensus rationnel, lequel ne peut se produire que par la mobilisation et la «problématisation» de notre héritage culturel en tant que conséquence de la recherche de légitimation du droit comme institution.

À partir de ces considérations, deux théories de la transformation du droit se trouvent distinguées : d'une part, une théorie qui rend compte de la logique des systèmes et, d'autre part, une théorie relative à la logique du monde vécu. Cependant, nous voulons maintenant insister sur le fait que ces deux formes de droit, ainsi que ces deux formes de logique sociale, n'ont pas un statut égal. En effet, pou Habermas, le droit comme médium est soumis au droit comme institution -- sans renier pour autant

---

[22] J. Habermas, Théorie de l'agir communicationnel, Tome 2: Pour une critique de la raison fonctionnaliste, op. cit., p. 402, cf. p. 401.

[23] J. Habermas, Théorie de l'agir communicationnel, Tome 2: Pour une critique de la raison fonctionnaliste, op. cit., ibid.

son rôle inhérent au système --, et c'est ce dernier qui doit prévaloir. Nous allons maintenant nous pencher sur la vision très intéressante qui découle d'une telle perspective.

Ainsi, toute théorisation unilatérale de la transformation juridique consistant à «problématiser», à thématiser ou à critiquer des propositions normatives qui impliquent des choix de société et des questions de valeurs à partir de la logique des systèmes constitue, pour Habermas, une abdication et même une forme d'aliénation juridique. En effet, si les médiums des systèmes ne sont que l'argent, le pouvoir et l'administration, toute appréhension de la transformation juridique sur cette base est condamnée à une monétarisation ou à une bureaucratisation des problèmes juridiques. Dans son ouvrage *Théorie de l'agir communicationnel,* Habermas a bien analysé les conséquences néfastes d'une telle conception du droit[24]. Pour notre propos, ne retenons que le verdict de Habermas : la «monétarisation» ou la bureaucratisation des problèmes juridiques tels qu'ils sont engendrés par la logique du système ne crée que des pathologies sociales.

Habermas se distingue ainsi nettement des théories modernes du système dont l'entreprise de Niklas Luhmann est un exemple particulièrement éloquent[25]. Le paradigme de l'intégration des systèmes, en tant que systèmes d'autorégulation analogues aux systèmes biologiques, et qui amène Luhmann à concevoir l'autonomie systémique du droit, évacue complètement, selon la critique qu'en fait Habermas, toute connotation normative du

---

[24] Jürgen Habermas, *Théorie de l'agir communicationnel. Tome 2: Pour une critique de la raison fonctionnaliste, op. cit.*, p. 391-410.

[25] Jürgen Habermas et Niklas Luhmann, *Theorie der Gesellschaft oder Sozialtechnologie: Was leistet die Systemforschung?*, Francfort, Suhrkamp, 1971.

droit. Le droit se trouve ainsi propulsé dans une sphère nihiliste[26]. Habermas reproche aux théories du système de manquer de recul normatif et de perspective critique, c'est-à-dire de n'être que le reflet de ce qu'il s'agirait d'expliquer. Comme le souligne Habermas, il faut se mobiliser «contre la distanciation fétichisante d'une théorie systémique qui évacue tout aspect normatif et exclut déjà analytiquement la possibilité d'une communication focalisante de la société sur elle-même tout entière.» [27]

L'enfermement des théories du système à l'intérieur des catégories systémiques ne leur permet pas de se dégager de leur logique et de leurs conséquences. La critique de Habermas s'avère à cet égard très pertinent pour toute théorie de la transformation juridique car elle met en garde contre toute prétention de «suivre l'évolution» sans recourir à une évaluation normative et critique. D'où l'accent mis par Habermas sur l'importance du monde vécu pour établir une telle théorie de la transformation juridique : il y voit en fait la seule possibilité pour ancrer une perspective normative.

Le monde vécu, dans son aspect intersubjectif, permet en effet à Habermas d'introduire un horizon de signification qui fournit un réservoir implicite de «connaissances» pour les sujets en situation d'action. Par le fait même, il apparaît qu'il ne peut

---

[26] J. Habermas, *Théorie de l'agir communicationnel, Tome 2: Pour une critique de la raison fonctionnaliste*, p. 251-259. Habermas se réfère ici, par le bais d'une théorisation de Talcott Pearson, aux écrits systémiques de Niklas Luhmann; voir Niklas Luhmann: *Rechtssoziologie,* Opladen, Westdeutscher Verlag, 1983, traduction anglaise: *A Sociological Theory of Law*, London, Hutchinson, 1985 ; *Ausdifferenzierung des Rechts*, Frankfurt am Main, Suhrkamp, 1981, et *Legitimation durch Verfahren*, Neuvied, Luchterhand, 1969 (Trad. française, idem, *La légitimation par la procédure*, Québec, Les Presses de l'Université Laval, coll. Diké, 2000.)
[27] J. Habermas, *«La souveraineté populaire comme procédure. Un concept normatif d'espace public»*, *Lignes*, Paris, no 7, 1989, p. 45.

exister un monde vécu unique, mais bien au contraire des mondes vécus propres à chaque individu et qui s'enchevêtrent mutuellement. Il est donc nécessaire de chercher à harmoniser les points de vue différents pour s'assurer qu'une transformation puisse être efficace parce qu'elle est voulue. La réalisation de la compréhension et du consentement sera rendue possible par le fait que, pour des raisons culturelles et sociales, les mondes vécus doivent largement coïncider.

De plus, la perspective du monde vécu lui sert d'ancrage pour une nouvelle conception de la rationalité, c'est-à-dire la conception de la rationalité communicationnelle. En effet, les mondes vécus représentent une «force de rationalité» qui se manifeste par les exigences de validité des agirs communicationnels - agir téléologique, agir régulé par des normes et agir dramaturgique. La mobilisation des mondes vécus dans une perspective communicationnelle représente une libération de la potentialité de rationalité véhiculée par les mondes vécus. C'est pourquoi ces deux dimensions de signification et de rationalité communicationnelle servent d'instance «quasi transcendantale» pour un *a priori* non analytique (dans le sens kantien du terme) de l'agir[28].

## La transformation sur la base du monde vécu

Que signifie la perspective de la reproduction symbolique du monde vécu pour une théorie de la transformation du droit? Revenons encore une fois à Habermas lui-même:

Les structures symboliques du monde vécu se reproduisent grâce à l'usage continu du savoir valide, grâce à la

---

[28] J. Habermas, *Théorie de l'agir communicationnel, Tome 2: Pour une critique de la raison fonctionnaliste, op. cit.*, p. 139.

stabilisation de la solidarité de groupe et à la formation d'acteurs capables de prendre leurs responsabilités. Le processus de reproduction rattache de nouvelles situations à l'état existant du monde vécu, et ce dans la dimension sémantique de significations ou de contenus (de la tradition culturelle), comme dans les dimensions de l'espace social (de groupes socialement intégrés) et du temps historique (des générations qui se suivent). À ce processus de la reproduction culturelle, de l'intégration sociale et de la socialisation correspondent, en tant que composantes structurelles du monde vécu, la culture, la société et la personne. [29]

Il faut d'abord souligner, à la lumière de ce qui précède, que seule une transformation «pièce par pièce» sera possible. La perspective du monde vécu exclut d'emblée le rêve d'une révision totale, le rêve totalitaire d'une *tabula rasa*, car c'est toujours à partir du contexte réel du monde vécu qu'une transformation du droit pourra s'enclencher, s'expliquer et se justifier.

Mentionnons également que toute transformation du droit doit passer par le monde vécu, c'est-à-dire par les différentes formes d'agirs qui tissent les liens sociaux : l'agir téléologique, l'agir régulé par des normes, l'agir dramaturgique et ultimement, l'agir communicationnel. Ce dernier type d'agir est d'ailleurs, comme nous allons le voir, primordial par rapport aux autres, car c'est par son intermédiaire qu'il est possible de coordonner les modèles de rationalité qui leur correspondent. Le rôle de l'agir communicationnel, dans son insistance sur la relation intersubjective, se manifeste dans son importance de la compréhension intersubjective pour la reproduction du monde vécu. Ainsi, le «champ sémantique des valeurs symboliques,

---

[29] J. Habermas, Théorie de l'agir communicationnel, Tome 2: Pour une critique de la raison fonctionnaliste, op. cit., p. 152.

l'espace social et le temps historique constituent les dimensions où se déploient les actions communicationnelles»[30], de telle sorte que l'agir communicationnel se présente comme un mécanisme d'interprétation grâce auquel se reproduit le savoir culturel.

La reproduction culturelle et sociale du monde vécu donne ainsi l'assurance qu'à travers la dimension sémantique, les situations nouvelles qui émergent seront rattachées aux conditions déjà existantes du monde vécu. Nous sommes ici devant une perspective décisive pour la problématique du droit. En effet, il apparaît ici que la perspective de la reproduction culturelle est la garantie métasociale du droit quant à la continuité de la tradition et à la cohérence du savoir dans la pratique quotidienne. Cette continuité et cette cohérence doivent ainsi être évaluées par la rationalité communicationnelle mise en branle dans les mondes vécus. Par conséquent, la transformation du droit peut être comprise en tant que médiation entre la tradition du droit et l'intercompréhension, en tant qu'idéal de l'intersubjectivité tel qu'il est véhiculé par les mondes vécus. «La reproduction du monde vécu consiste essentiellement à poursuivre et à renouveler la tradition, poursuite et renouvellement qui se meuvent entre les extrêmes de la pure continuité ou d'une rupture avec les traditions.» [31] Dans les deux cas, une évaluation se fait à partir de la rationalité du savoir qui peut être mobilisé comme valide.

Soulignons que cette volonté infatigable de Habermas de n'utiliser que le seul horizon du monde vécu pour expliquer la transformation du droit témoigne d'un antipositivisme juridique qui est des plus conséquents. Cette façon de concevoir les choses

---

[30] J. Habermas, Théorie de l'agir communicationnel, Tome 2: Pour une critique de la raison fonctionnaliste, op. cit., Ibid.

[31] J. Habermas, Théorie de l'agir communicationnel, Tome 2: Pour une critique de la raison fonctionnaliste, op. cit., p. 153

l'amène à une conception intersubjective et politique du droit qui, autant sur le plan de la formation que sur celui de la transformation, peut être qualifiée de «procéduraliste». Nous expliquons maintenant comment une théorie intersubjective et politique du droit peut rendre compte de la transformation du droit dans la modernité.

## La transformation normative du droit

Précisons d'emblée la conclusion à laquelle la perspective de Habermas entend nous mener : pour lui, la transformation et la formation du droit doivent nécessairement passer par un processus de légitimation reposant sur le monde vécu. Dans cette conception, il est possible de dégager un idéal très fort du principe démocratique. Nous tenterons ici d'analyser comment l'exigence d'une légitimation par le monde vécu amène Habermas à instaurer un processus de légitimation spécifique au droit dans l'instance du discours. Ainsi, ce processus de légitimation devrait fournir aux textes dits juridiques une métavalidité sociale. En effet :

La phrase : «il se trouve que q est l'objet d'un commandement» («*Es ist der Fall dass q geboten ist*») a, à l'évidence, une autre signification que la phrase : «il faut impérativement que q» («*Es ist geboten, dass q*»). Lorsqu'elle est exprimée dans la forme appropriée à la justesse normative, i.e. formulée de telle sorte qu'elle prétende à la validité pour un cercle de destinataires, cette phrase exprime une norme ou encore un commandement déterminé. Et nous disons qu'une norme existe ou qu'elle jouit de la validité sociale (*soziale Geltung*), si elle est reconnue comme valide (*gültig*) ou légitime par ses destinataires.[32]

De même :

Qu'une norme *vaut* idéalement signifie : elle mérite l'assentiment de tous les intéressés parce qu'elle règle des problèmes d'action dans leur intérêt commun. Qu'une norme *existe* factuellement signifie en revanche : la prétention à la validité qu'elle comporte est reconnue par les intéressés, et cette reconnaissance intersubjective fonde la *validité sociale* de la norme.[33]

Ce qui est en jeu dans la perspective de la validité sociale à développer est un «monde de l'agir régulé par des normes». Un tel monde pourrait être considéré, accepté et validé par les personnes concernées parce qu'ultimement il serait voulu par elles. Le rôle du discours consiste précisément à édifier et à transformer ce monde régulé par des normes.

## La validation des normes juridiques : le discours

Sur la signification même des discours, examinons tout d'abord la description qu'en donne Habermas :

Le principe d'une éthique de la discussion se réfère à une procédure qui consiste, en l'occurrence, à honorer par la discussion des exigences normatives de validité [...]. Elle ne livre pas des orientations relatives au contenu, mais une manière de procéder : la discussion pratique. L'objet de cette manière de procéder n'est assurément pas de produire des normes légitimées. Il consiste plutôt à tester la validité des normes qui sont

---

[32] J. Habermas, *Théorie de l'agir communicationnel, Tome 1: Rationalité de l'agir et rationalisation de la société, op.cit.*, p. 104.

[33] Ibid. ; l'italique est de nous.

proposées ou envisagées à titre d'hypothèse. Il faut donc que les discussions pratiques reçoivent leurs contenus de l'extérieur. Sans l'horizon propre au monde vécu d'un certain groupe social, et sans conflits d'action inhérents à une situation donnée dans laquelle les participants estiment devoir régler par le consensus une querelle portant sur un problème de société, vouloir mener une discussion pratique ne présenterait aucun intérêt [...]. Par conséquent, cette procédure est formelle mais non au sens où il y aurait abstraction des contenus. C'est parce qu'elle est ouverte que la discussion a précisément besoin que les contenus contingents lui soient «donnés».[34]

Les discours sociaux auxquels fait référence Habermas constituent une procédure spéciale de communication à l'intérieur de laquelle la prétention à la validité des normes proposées ou envisagées peut être honorée. Ainsi, les normes juridiques deviennent controversées par l'interaction même des sujets qui mettent en marche une telle thématisation. Le discours représente alors une forme de réflexion réciproque, intersubjective et métacommunicationnelle dans lequel les exigences de validité sont soumises à une procédure de réflexion commune visant un consensus éventuel. Les discours se réfèrent alors au but recherché, c'est-à-dire obtenir un consensus pouvant servir de régulateur aux différents types d'agirs communicationnels.

Le critère de validité d'une norme est en somme un produit de la communication réciproque-réflexive. Ce que nous élucidons en analysant en trois étapes les implications d'une telle conception : a) «signification» et «validité» impliquées dans la perspective normative inhérente à la communication langagière; b) «universalité» et «cognitivité» comme épreuves en vue de l'obtention de la validité; et enfin c) «intérêt» et «consensus»

[34] J. Habermas, *Morale et communication, op. cit.*, p. 125.

autour duquel se joue l'établissement d'une validité des normes juridiques.

## Signification et validité

Il est important de souligner que Habermas établit la communication langagière en tant que dialectique de sélection des normes juridiques. La communication langagière exprime, selon Habermas, la logique du monde vécu. Toute reproduction culturelle (des normes, des convictions, des valeurs) passe par des exigences de validité sociale à honorer dans la communication langagière. Le raisonnement de Habermas est en apparence simple : si notre société moderne n'est pas le chaos - si les relations intersubjectives ne sont pas strictement le résultat du hasard dans un univers où rien n'a plus de sens - il doit exister «quelque chose» qui donne un sens aux comportements sociaux et qui peut fonctionner comme un canal pour la reproduction sociale et culturelle. Sans un tel sens, toute individuation ou personnalisation dans un univers social serait impossible. C'est à partir de cet arrière-plan que l'on peut comprendre le rôle de coordination et de signification impliqué dans la communication langagière. Pour Habermas, la reproduction culturelle et la validation des normes juridiques reposent sur la capacité d'une telle communication langagière. Mais comment ?

Tout d'abord, les normes juridiques qui ont acquis une validité sociale devraient, par le fait même, pouvoir constituer une force coordinatrice pour tout agir régulé par ces mêmes normes. À partir d'une telle conception, le problème est de savoir d'où la communication langagière «tire sa force de coordination pour l'action.»[35] Habermas se trouve, à cette étape, aux prises avec la nécessité de dégager le sens des liens constitués dans les actes de

---

[35] J. Habermas, *Théorie de l'agir communicationnel, Tome 1: Rationalité de l'agir et rationalisation de la société, op. cit.*, p. 306.

langage. Nous allons examiner tout d'abord le problème de la signification d'un acte de langage pour ensuite voir que les conséquences de ce problème amènent Habermas à poser la problématique de la validité suivant la même logique.

Considérons donc en premier lieu le problème de la signification d'un acte de langage et ce qu'il implique. Habermas soumet la phrase suivante : «Je te promets (par là même) de venir demain.»[36] Pour entrer dans la compréhension d'un acte de parole, il nous faut savoir ce qui le rend acceptable[37]. L'effet de coordination pour l'action ne peut être établi que si les conditions d'acceptabilité reposent sur une reconnaissance intersubjective de la prétention à la validité de l'énoncé. Ainsi, une phrase ne peut être dite acceptable que si un auditeur peut prendre position par rapport à l'énoncé par un «oui» ou un «non». Ce sera donc la reconnaissance intersubjective d'une prétention à la validité d'un énoncé qui orientera la signification de celui-ci et qui permettra d'instaurer des obligations significatives par la suite de l'interaction. En effet, la signification même d'un acte de langage sera rattachée aux exigences de validité à travers ses conditions d'acceptabilité.

Habermas n'a donc plus qu'un pas à faire pour tisser le lien entre l'exigence de validité et les conditions de signification. Ce lien sera établi par la perspective selon laquelle les conditions de signification, dans le cadre d'une théorie pragmatique, doivent être doublées d'une théorie des conditions de réalisation. Ainsi, lorsque l'impératif suivant est émis : «Je t'engage (par là même) à déposer ta cigarette», le sens de la phrase ne pourra être compris que lorsque l'auditeur saura ce qu'il devrait faire ou laisser faire pour produire l'état «p» souhaité par le locuteur et qu'il saura comment il pourrait accorder ses actions par rapport

---

36 Id., p. 305.
37 Id., p. 307.

aux éventuelles sanctions de la part du locuteur. L'auditeur ne comprend donc complètement la signification de l'énoncé que lorsqu'il sait pourquoi le locuteur peut s'attendre à pouvoir imposer sa volonté à l'auditeur. Le locuteur, en se référant à la validité d'une norme juridique, élève lui-même une prétention à la validité. Ainsi, dans l'exemple que nous avons mentionné, le locuteur, en se référant à la validité d'une norme juridique interdisant de fumer, élève la prétention à la validité de cette norme. D'où la conclusion de Habermas :

Un locuteur peut [...] motiver rationnellement un auditeur à accepter l'offre de son acte de parole, parce que, sur la base d'une relation interne entre la validité, la prétention à la validité et la justification qui honore les prétentions, il peut garantir qu'il donnera si besoin est les raisons convaincantes qui assurent la prétention à la validité contre une critique de l'auditeur. Ainsi un locuteur ne dit-il pas la force du lien engagé par son succès illocutoire à la validité de ce qui est dit, mais à l'effet de coordination opéré par la garantie offerte d'honorer le cas échéant, par son acte langagier, la prétention à la validité qui a été élevée. Au lieu de la force de motivation empirique d'un potentiel de sanctions relié de façon contingente à des actions langagières, nous avons la force de motivation rationnelle des assurances que portent les prétentions à la validité, pour tous les cas où le rôle illocutionnaire ne fait pas connaître une prétention au pouvoir, mais une prétention à la validité.[38]

Il en va ainsi parce que la prétention à la validité est soumise à des limitations conventionnelles : une telle prétention ne peut être récusée que sous la forme d'une critique et contre cette critique, elle ne peut être défendue elle-même que sous la forme d'une critique. Donc, l'énonciation d'un acte de langage qui aspire à un effet de coordination de l'agir - ce qui est le cas précis des

[38] Id., p. 311.

normes juridiques - est soumise à une condition : pour établir un consensus sur la validité d'une prétention, le locuteur et l'auditeur doivent, par la logique même qui est mise en branle, se soumettre à l'obligation de donner des raisons convaincantes de leurs prétentions.

Or, au cœur de la signification même d'un acte de langage, les exigences de validité correspondent aux relations que le langage établit avec le monde. À cet égard Habermas distingue, dans une logique wébérienne, trois mondes différents par rapport auxquels peuvent être soulevés trois différents types de prétentions à la validité qui doivent être honorés chacun selon un mode déterminé :

> [...] lorsqu'on considère qu'un locuteur engagé dans l'agir communicationnel ne choisit une expression langagière compréhensible que pour s'entendre avec un auditeur sur quelque chose, et par là, se rendre lui-même compréhensible. Il y a donc dans l'intention communicationnelle du locuteur : a) une action langagière juste à effectuer au regard d'un contexte normatif donné, afin qu'ait lieu entre l'auditeur et lui une relation interpersonnelle reconnue comme légitime; b) un énoncé vrai à produire (ou encore des présuppositions d'existence exactes), afin que l'auditeur reprenne et partage le savoir du locuteur; et c) des opinions, des intentions, des sentiments, des souhaits, etc., à exprimer de façon véridique, afin que l'auditeur accorde foi à ce qui est dit. [39]

Nous avons ainsi trois mondes, c'est à dire : a) le monde social; b) le monde objectif; et c) le monde subjectif. Pour chacun de ces mondes peut être soulevée une prétention à la validité qui sera à honorer selon une exigence propre de justesse, de légitimité, de vérité, ou encore de sincérité. Dans le cas de la

---

[39] Id., p. 316.

validation des normes juridiques, il est important de souligner que, dans le contexte de l'agir communicationnel, les actions langagières peuvent toujours être récusées selon chacun de ces trois ordres et ce, même si les normes juridiques sont d'abord comprises dans le cadre du monde social et de la prétention à la légitimité de l'ordre de la justesse.

Si l'on examine maintenant la procédure par laquelle il est possible d'honorer une prétention à la validité, il semble que c'est le langage lui-même qui a la fonction d'un «tribunal communicationnel» pour établir le bien-fondé des normes juridiques. C'est la possibilité même que nous offrent les actes de langage, sous la forme du discours ou de l'argumentation, de fonder et de critiquer la prétention à la validité par la logique même du langage, qui constitue un tribunal communicationnel pour trancher sur une base rationnelle entre les différentes prétentions. À travers les prétentions à la validité, ce sont ces mondes vécus qui sont mobilisés, ce qui implique que la résolution des conditions de validité doit se faire à partir de l'arrière-fond du savoir intersubjectivement partagé par la communauté de communication.

Le principe «fondationnel» des normes juridiques est ainsi l'intersubjectivité langagière telle qu'elle s'exprime dans l'intercompréhension de la signification sur l'arrière-fond des mondes vécus. Dans cette logique, tout recours à une ontologie de caractère objectiviste ou subjectiviste se trouve exclu par le tournant communicationnel dans l'explication de la norme juridique. Par le fait même, la conception du droit de Habermas aura un caractère notamment intersubjectif, en opposition aux modèles objectiviste et subjectiviste du droit de notre modernité juridique.

## Cognitivité et universalité

À partir de ce qui précède, nous pouvons envisager la «problématisation» de l'existence de règles discursives pour la validation des normes juridiques chez Habermas. Il est possible de dégager deux de ces règles discursives : d'une part, la règle discursive de la cognitivité et, d'autre part, la règle discursive de l'universalité. Le rôle de chacune de ces règles, considérées comme inhérentes à l'activité communicationnelle par Habermas, consiste à tester les prétentions à la validité.

Voyons d'abord en quoi consiste la règle discursive de la cognitivité des normes juridiques. Selon Habermas, les normes sont «susceptibles de vérité», à partir de la problématique qu'il pose dans *Raisons et légitimité* [40] selon laquelle «les questions pratiques sont susceptibles de vérité». Habermas s'oppose sur ce point aux moralistes et aux juristes modernes qui défendent le caractère «non cognitiviste» des normes. Pour ces derniers, en effet, les normes ne sont que l'expression de l'attitude individuelle que chaque personne adopte pour des raisons insondables - émotives, subjectives et non «universalisables». Par conséquent, les normes ne pourraient, selon ces penseurs, être l'objet de connaissance, elles ne pourraient être appréhendées selon les catégories du vrai et du faux, pas plus que les énoncés mathématiques ne pourraient être appréhendés selon les catégories du sain ou du malade. Par contre, pour Habermas, la dimension cognitive est essentielle dans l'élaboration même de la norme.

Pour comprendre les enjeux de cette conception cognitiviste, revenons à la thèse de Habermas selon laquelle on ne peut comprendre un acte de parole que dans la mesure où l'on comprend ce qui le rend acceptable. Cette perspective le conduit

---

[40] J. Habermas, *Raison et légitimité*, Paris, Payot, 1978, p. 142 et suiv.

à poser la possibilité de répondre soit par oui soit par non à la prétention de validité d'un énoncé. Ce qui est impliqué dans cette alternative se situe par rapport à la prétention à la validité d'un énoncé, car c'est la possibilité même de cette alternative qui se comprend dans la mobilisation qui y est faite de l'arrière-fond normatif que nous donne le monde vécu. Ainsi, les raisons qui nous poussent à répondre par oui ou par non à une prétention à la validité d'un énoncé peuvent être «justifiées», argumentées et vérifiées à cause de leur caractère «cognitiviste». Sur ce point, Habermas postule que le test «cognitiviste» que l'on peut faire subir à l'exigence de validité serait analogue au test de vérité. Ainsi :

> [...] dans la vie quotidienne, nous attachons à des énoncés normatifs des exigences de validité que nous sommes prêts à défendre contre toute critique. Nous abordons des questions pratiques du type : «Que dois-je/que devons-nous faire ?» en présupposant qu'on ne peut pas y répondre n'importe comment. De même, nous nous estimons, par principe, capables de distinguer les normes et les commandements justes de celles et de ceux qui sont faux. Au reste, si des propositions normatives ne sont pas, au sens strict, susceptibles de vérité, c'est-à-dire si elles ne peuvent pas être dites «vraies» ou «fausses» au même titre que des énoncés descriptifs, nous devons donc nous efforcer d'expliquer quel est le sens de l'expression «vérité morale» ou celui de l'expression «justesse normative».[41]

Celui qui manifeste une prétention à la validité dans une proposition normative prétend par le fait même que cette proposition est juste au regard d'un contexte normatif reconnu comme légitime. Ce processus est tout à fait parallèle à la prétention à la vérité soulevée par rapport à un énoncé «constatif» dans le monde objectif. Dans un cas comme dans l'autre, le

---

[41] J. Habermas, *Morale et communication, op. cit.*, note 1, p. 77.

locuteur se réfère toujours à un contexte normatif qu'il suppose partagé et admis. Ainsi, le locuteur et l'auditeur mobilisent des fragments du monde vécu qui leur permettent de prendre position par rapport à des prétentions à la validité. Locuteur et auditeur se situent dans un cadre normatif par rapport à ce qu'ils considèrent comme juste. Le point que soutient Habermas consiste à dire que parce que le locuteur et l'auditeur connaissent le monde vécu qui peut être mobilisé pour honorer les prétentions à la validité, ce monde vécu peut précisément servir d'instance «argumentative» de «vérité». La justesse normative, par analogie à l'exigence de vérité, se révèle ainsi en tant que règle discursive qui peut «forcer» les participants au discours à s'appuyer sur des raisons dans leurs efforts pour justifier les normes. Par conséquent, le test cognitiviste en appelle à la possibilité d'une reconnaissance intersubjective quant à leur prétention critiquable à la validité dans le but d'obtenir un consensus sur les normes juridiques. Il en découle que la cognitivité des normes juridiques ne peut être mesurée que par leur justesse dans le contexte d'une communication visant l'intercompréhension.

Une fois posée la règle discursive de la cognitivité pour les normes juridiques, il est possible de se tourner vers la règle discursive de l'universalité des normes. Par la règle discursive de la cognitivité, Habermas avait établi qu'elle devait être traitée de façon analogue avec les exigences à la vérité. Dans une telle optique, chacun se constitue comme juge dans son évaluation lorsqu'il répond par «oui» ou par «non» à la prétention à la validité soulevée. Le locuteur et l'auditeur interprètent les prétentions à la validité à la lumière des standards culturellement en vigueur. Or, même si une reconnaissance intersubjective se forme autour de valeurs culturelles, cela ne signifie encore nullement la possibilité de prétendre à un assentiment culturellement généralisé ou absolument universel. Ce qui fait défaut est alors la dimension réflexive qui ne peut survenir que si le locuteur et l'auditeur peuvent arriver ensemble à décrire un intérêt commun afin de forger une norme qui puisse exprimer cet intérêt. Et pour qu'un tel projet de coopération puisse être envisagé, seule la procédure de l'échange universel des rôles constitue une condition de réalisation[42]. Ainsi, au cœur de tout projet communicationnel se trouve l'exigence de se placer du point de vue de l'autre pour que la communication soit effective. Habermas pose en fait qu'une telle exigence existe implicitement en ce que les exigences de validité normative établissent, entre le langage et le monde social, une dépendance réciproque qui propulse les participants au discours dans un dialogue coopératif. À cet égard, soulignons que la perspective de la coordination de l'action amène la conclusion selon laquelle la formation impartiale du jugement s'exprime dans un principe qui contraint toute personne à adopter la perspective de tous les autres participants à la discussion.

C'est pourquoi il faut bien souligner la différence fondamentale entre la conception de l'impératif catégorique de Kant et le test de l'universalité de Habermas. Ainsi, comme le dit, Thomas McCarthy:

> Au lieu d'imposer à tous les autres une maxime dont je veux qu'elle soit une loi universelle, je dois soumettre ma maxime à tous les autres afin d'examiner par la discussion sa prétention à l'universalité. Ainsi s'opère un glissement : le centre de gravité ne réside plus dans ce que chacun peut souhaiter faire valoir, sans être contredit, comme étant une loi universelle, mais dans ce que tous peuvent unanimement reconnaître comme une norme universelle. [43]

---

42 Id., p. 86.

43 Thomas McCarthy, *The Critical Theory of Jürgen Habermas*, Cambridge, Mass. et Londres, The MIT Press, 1978, p. 326 ; cette formulation de

Par conséquent, la prétention à la validité des normes ne peut être honorée que si la norme a été évaluée universellement, dans la perspective d'un échange universel de rôles, avec l'intention de satisfaire les intérêts de tout un chacun. Nous reviendrons sur le concept d'intérêt, mais soulignons dès maintenant que le principe d'universalisation introduit par Habermas est formel et qu'il vise avant tout une «procéduralité» communicationnelle menant au consensus. Le principe d'universalité doit, par son caractère formel, se concrétiser dans des maximes ou des règles de rationalité procédurales pouvant exprimer rationnellement ce principe[44].

Les deux règles discursives de la cognitivité et de l'universalité jouent en somme un rôle visant la validation des normes afin de les rendre acceptables par tous parce qu'elles sont formées sur (et par) des raisons qui pourront être partagées par la discussion.

## Intérêt et consensus

Les notions d'intérêt et de consensus vont nous permettre d'appréhender l'acceptabilité des prétentions à la validité sous un nouvel angle. Ce sera par l'intermédiaire de ces deux notions que la validité sociale des normes juridiques se concrétisera.

---

Thomas McCarthy est reprise et endossée par Jürgen Habermas, *Morale et communication, op. cit.*, pp. 88-89.

[44] J. Habermas, *Morale et communication, op. cit.* note 1, p. 108-114. Habermas se réfère ici entre autres à la formulation de ces maximes et principes procéduraux fait par le juriste Robert Alexy, "*Eine Theorie des praktischen Diskurses*", dans W. Oelmuller (dir.), Normenbegrundung, Normendurchsetzung, Schjoningh, Paderborn, 1978. Robert Alexy a développé davantage ses idées dans *A Theory of Legal Justification. The Theory of Rational Discourse as Theory of Legal Justification, op. cit.*; cf. Ingrid Dewars, "*La rationalité du discours pratique selon Robert Alexy*", (1987) 32 Arch. Philo. dr. 291.

Examinons dans un premier temps la notion d'intérêt que nous avons retrouvée en filigrane dans tout le développement de la présente étude. Nous allons voir comment un consensus peut être obtenu relativement aux normes juridiques grâce à cette notion d'intérêt. En effet, pour Habermas, la norme doit «satisfaire les intérêts de tout un chacun» de telle manière qu'elle puisse être acceptée «par toutes les personnes concernées»[45]. Le fait que le choix des normes puisse être justifié de façon argumentative dans un rapport différencié aux attentes que le locuteur peut présumer de la part de l'auditeur, dans son rapport aux mondes objectif, social et subjectif, fait intervenir une mobilisation de la situation concrète dans le monde vécu qui transforme le type même de rapport aux intérêts et au monde vécu.

Il ne s'agit pas, par conséquent, de faire reposer les normes sur les intérêts mais plutôt de montrer que, par le concept d'intérêt, on veut légitimer la dimension du monde prévu puisque c'est à partir de cet arrière-fond que se développent les attentes normatives et factuelles qui s'expriment dans l'intérêt pour la transformation des normes. Il n'existe donc chez Habermas aucune idée selon laquelle les intérêts pourraient servir de directives, mais bien plus modestement, l'idée que la sélection et la transformation des normes reposent sur la complexité des mondes vécus. Les intérêts expriment le contexte d'une forme de vie particulière qui serait nécessaire pour enraciner la validité des normes dans un contexte social. Habermas est d'ailleurs plus proche de Marx que de Kant sur ce point. Ce qu'il faut souligner, c'est que la notion d'intérêt est concrète chez Habermas et qu'il n'y a pas de place pour une conception abstraite de celle-ci. Cela exclue donc d'emblée la pensée libéraliste ainsi que la pensée du contrat social, pour lesquelles toute personne qui émet un jugement sur la validité des normes doit faire abstraction de sa

---

45 J. Habermas, *Morale et communication, op. cit.*, p. 86-87.

propre situation. Habermas se démarque également de la tradition paternaliste qui défend abstraitement des «intérêts véritables». Pourl lui, la question de l'intérêt est essentiellement une question de pouvoir puisque l'exercice d'un intérêt peut être contraire aux intérêts d'autres personnes. Nous verrons plus loin comment Habermas veut concilier des intérêts contradictoires par le consensus, mais soulignons dès à présent que la notion d'intérêt veut exprimer ici le respect de la pluralité concrète qui caractérise nos sociétés modernes.

Pour saisir l'articulation entre intérêt et consensus, examinons l'exigence du consensus. Le consensus obtenu sur la validité des normes juridiques, lorsque sont maintenues les exigences discursives que nous avons vues précédemment, procure la validité sociale nécessaire pour toute coordination de l'action juridique. Or, quel est le sens de ce consensus ? Selon Habermas :

[...] des conflits qui surgissent dans le cadre d'interactions gouvernées par des normes proviennent directement d'une perturbation dans l'entente mutuelle sur les normes. La réparation peut donc seulement consister à garantir le fait qu'on approuve et reconnaît intersubjectivement l'exigence de validité qui s'est, en un premier temps, trouvée contestée mais que l'on a pu réhabiliter en en montrant le caractère non problématique. Elle peut aussi ne consister qu'à garantir le fait que l'on approuve et reconnaît intersubjectivement une autre exigence de validité destinée à remplacer celle qui fut contestée. Ce genre d'entente est l'expression d'une volonté commune. Mais lorsqu'il faut que les argumentations morales [c'est-à-dire normatives] produisent une entente de ce type, il ne suffit pas qu'un individu se demande, en y réfléchissant à deux fois, s'il lui serait possible d'adhérer à une norme. Il ne suffit même pas que tous les individus procèdent, chacun dans son coin, à cette délibération, pour qu'ensuite on enregistre leur suffrage. Ce qui est exigé, c'est une argumentation «réelle» à laquelle participent, en coopération, les personnes concernées. Seul un processus intersubjectif de compréhension peut conduire à une entente de nature réflexive; c'est ensuite seulement que les participants peuvent savoir qu'ils sont parvenus en commun à une certaine conviction. [46]

Habermas est ici très clair : c'est par une argumentation «réelle», d'où seraient exclues toutes considérations de stratégies, de manipulations et de contraintes, que pourrait être élaboré un consensus sur une question normative. L'horizon qui s'ouvre par la perspective de compréhension des actes de langage se confirme ici sur un tout autre plan, comme la poursuite d'un consensus. La nécessité d'établir un consensus sur les normes juridiques s'accentue par ce que nous venons de voir au sujet de la notion d'intérêt. Au-delà de la reconnaissance de la multiplicité *de facto* des intérêts dans notre société, Habermas nous invite à accepter cette pluralité qui n'exprime que l'état même du monde vécu et à trouver un *modus vivendi* qui puisse y répondre. Il ne voit donc d'autre issue que de respecter l'exigence de consensus pour les normes juridiques.

Mais demandons-nous quelle est la nature du consensus auquel veut parvenir Habermas. Ce consensus devrait, selon Habermas, englober aussi bien la majorité que les différentes minorités, ce qui implique d'emblée son caractère forcément minimaliste. Ainsi, le consensus ne peut être obtenu que pour un nombre restreint de normes, cela n'est pas accidentel chez Habermas mais bien au contraire voulu par celui-ci. En effet, Habermas préconise une sorte de dialogue permanent entre les propositions de contenus normatifs qui peuvent se mobiliser par le monde vécu et le choix minimaliste qui peut être retenu par l'exigence du consensus. Ce dialogue, sous son aspect de rationalisation qui est constitutif du discours même, ouvre en fait

---

[46] Id., p. 88.

la perspective même de la rationalisation du monde vécu, non pas en tant que projet direct, mais au contraire en tant que conséquence indirecte et de limite de l'agir social.

Si nous considérons maintenant l'exigence de satisfaire les intérêts de tous et l'exigence du consensus acceptable pour tous, il apparaît que le maintien des deux éléments assure à la formation des normes juridiques un ancrage concert dans la différenciation que toute personne se fait du monde vécu. Les personnes doivent donner leur accord aux normes juridiques à partir de leur situation dans le monde vécu. C'est leur accord qui construit le consensus qui donne aux normes leur force d'obligation.

## Une transformation démocratique

Le résultat de la procédure du discours argumenté serait, selon Habermas, la validation des normes juridiques. Ces normes auraient en effet obtenu une légitimation nécessaire afin de pouvoir être insérées dans un monde de l'agir régulé par des normes *transformées*. Soulignons maintenant les conséquences pratiques d'une telle perspective.

Ces conséquences pratiques doivent cependant être dégagées à la lumière de leur originalité théorique. En effet, l'idée fondamentale de Habermas consiste à dire que toute transformation normative repose sur la communauté des «je» réunis en un «nous». La pierre angulaire du modèle habermasien se situe dans le fait que les normes sont susceptibles de vérité et que le discours n'est en fait qu'un processus de formation démocratique à l'intérieur duquel les intérêts pourraient se transformer en normes[47]. Le nouveau principe juridique qui se profile chez Habermas consiste à dire que les normes ne règlent pas les intérêts, mais les expriment, et que l'exigence d'universalité représente l'horizon des pratiques d'entente.

La première implication de ce modèle de la transformation du droit se situe sur le plan méthodologique. En effet, ce que veut fournir Habermas est d'abord une méthode. Cette méthode est procédurale et elle exige une prise en considération qualitative des intérêts en présence, qui sont en confrontation. Cette confrontation qui est médiatisée dans l'argumentation introduit les normes juridiques dans la dimension du devoir-être. En effet, puisque les normes juridiques représentent dans cette optique l'horizon de sens de la pratique juridique, la problématique de la transformation juridique n'apparaît alors que dans la perspective d'une conception de la *justice*. Or, ce principe n'est pas «déjà donné» selon la formule d'un principe abstrait, mais il est plutôt «anticipé» en tant qu' «universel concret», à l'horizon de l'universalité par rapport à laquelle s'exprime la raison pratique.

De plus, Habermas nous donne un paramètre à partir duquel il faut évaluer la validité des normes existantes ou en état de formation. En nous donnant en effet le paramètre démocratique, il nous permet de voir la transformation du droit à l'intérieur d'un horizon particulier, celui de la démocratie, pour lequel la perspective même de la transformation dépend du consensus à obtenir. Ainsi, le critère abstrait de validité sociale constitue le paramètre qui nous permet d'évaluer et de juger la situation réelle. Nous pouvons ainsi dire que les normes socialement validées représentent la reconstruction «contrefactuelle» qui nous permet de prendre le pouls de l'agir social régulé par les normes.

---

[47] J. Habermas, *«Towards a Communicative Concept of Rational Collective Will-Formation. A Thought-Experiment»*, (1989) 2 Ratio Juris, p 144.

En somme, nous pouvons insister sur le fait que cette façon de concevoir la formation et la transformation des normes juridiques, qui constitue le monde de l'agir régulé par des normes, aboutit à une conception «procéduraliste» du droit. L'aspect procédural et «dialogique» devient par le fait même «l'essence» du droit car lui seul permet de répondre adéquatement aux exigences inhérentes à cette conception de la formation des normes juridiques.

Sur le plan politique, il est également nécessaire d'insister sur le fait que la programmation politique par des législations n'a reçu aucun privilège théorique chez Habermas. Par rapport au discours de validation, il est évident que la programmation politique par des lois peut représenter des normes qui sont proposées ou envisagées à titre d'hypothèses en vue d'une validation discursive.

Sur le plan d'une philosophie du droit, nous pouvons aussi retenir comment cette façon de «sélectionner» les normes juridiques se démarque clairement des théories du contrat social. Les théories libérales et du contrat social font intervenir la régulation des intérêts sociaux par l'application de principes sémantiquement «universalisables», alors que le modèle communicationnel tend à faire s'exprimer les intérêts dans l'universalisation d'une discussion, c'est-à-dire pragmatiquement[48]. Par rapport au modèle du contrat social qui représente un des fondements de notre modernité juridique, nous pouvons bien mesurer l'ampleur de la révolution amenée par la perspective communicationnelle.

---

48 Ibid. et J. Habermas, *Law and morality, op.cit*, 241-244, 262-264, 267-271

## Conclusion : tradition et renouvellement

L'insistance de Habermas sur la dimension du monde vécu nous a appris que les normes de l'agir régulé par des normes juridiques ne se transforment pas arbitrairement «à la carte». Le droit n'est pas un supermarché où chacun pourrait choisir librement selon son goût, mais plutôt un projet de «vivre ensemble» toujours renouvelable à partir d'un ancrage commun dans le monde vécu. L'intérêt que doit inspirer, chez les juristes, cette façon de concevoir le droit impose la prudence dans l'évaluation du respect de la tradition par rapport à la perspective du renouvellement culturel.

En effet, le projet de transformation des normes juridiques doit absolument prendre en considération le poids même de la transformation par rapport à ce qui est organiquement développé dans le monde vécu, les opinions établies et les espoirs exprimés issus du monde vécu. Le projet de transformation du droit devrait également respecter les multiples projets individuels et les formes collectives de vie, sans porter préjudice aux responsabilités de chacun dans sa manière de mener sa vie. Ainsi, toute possibilité de transformation juridique doit passer par des formes de communication pouvant mobiliser les forces culturelles inhérentes au monde vécu.

# III. HABERMAS ET L'ÉTAT DE DROIT. LE MODÈLE COMMUNICATIONNEL DU DROIT ET LA RECONSTRUCTION RÉFLEXIVE DE L'ÉTAT DE DROIT CONTEMPORAIN

L'objectif de notre article est d'analyser la reformulation du concept de l'État de droit (Rechtsstaat) tel que le propose le modèle communicationnel du droit. Dans ses récents écrits, le philosophe allemand Jürgen Habermas appelle de ses vœux la reconstruction réflexive de l'État de droit contemporain à partir d'une conception que nous appellerons «communicationnelle», ancrée dans une conception radicale de la démocratie.

Nous analysons ici quelques présupposés de ce projet d'État de droit conçu selon le modèle communicationnel et nous y réfléchissons de façon critique. Pour ce faire, nous nous concentrons sur la charpente structurelle d'un tel État de droit à la lumière du modèle communicationnel du droit. Il nous a donc fallu tailler dans le vif du projet habermasien pour ne retenir que l'essentiel, quitte à écarter de nombreuses et pertinentes questions.

L'intérêt du projet habermasien réside dans sa tentative de modifier notre façon de penser l'État de droit moderne. Il ne s'agit plus de penser l'État de droit selon le modèle de l'exercice institutionnel du pouvoir, mais plus radicalement de dissocier le pouvoir et le droit. L'État de droit, comme le droit, ne doit plus être pensé et structuré sur le mode de la domination. En fait, Habermas reconstruit le concept traditionnel de *Rechtsstaat*, l'État de droit, hérité du siècle des Lumières. Au terme de cette reconstruction, la légitimation du pouvoir ne s'incarne plus dans une conception de la légalité, mais s'établit comme un dialogue communicationnel toujours ouvert avec le pouvoir institutionnel et légal. Pour Habermas, le dialogue communicationnel et la participation effective replacent le pouvoir et la domination comme structure et mode de présence de l'État de droit.

Dans cette vision, Habermas s'inscrit en faux contre Max Weber et sa fameuse thèse selon laquelle la forme juridique conduit à la légitimité de la domination et que la domination légale ne peut s'exercer que dans sa forme juridique. Weber pense le droit sur le mode du pouvoir, de la domination, tandis que Habermas substitue le paradigme de la communication à celui du pouvoir. Nous allons montrer comment Habermas reformule la thèse wébérienne : la légitimité constituant la forme juridique «est» le dialogue communicationnel.

Cette analyse privilégie l'ouvrage intitulé *Faktizität und Geltung* (Facticité et validité) - notamment son chapitre sur les principes et les paradigmes d'un État de droit communicationnel[49] et les articles explicatifs et d'approfondissement qui s'y ajoutent. Ce livre se concentre sur le projet de restructuration communicationnelle de l'État de droit et introduit par ailleurs une précision par rapport à la conception habermassienne antérieure du droit[50].

Ces remarques introductives nous amènent au plan de notre article. Trois thématiques émergeant des travaux habermasiens ponctuent notre analyse : la légitimité, la procéduralité et la

---

49 Jürgen Habermas, *«Faktizität und Geltung. Beitrage zur Diskurstheorie des Rechts und des democratischen Recthsstaats»*, Frankfurt, 1992, chapitre IV *«Zur rekonstruktion des Rechts (2): Die Prinzipen des Rechtstaates»*; trad. fr. Habermas, Jürgen. *«Droit et démocratie. Entre faits et normes»*, Paris, Gallimard, 1997; chapitre IV «Reconstruction du droit. 2. Les principes de l'État du droit», p 150-213.

50 Voir, Bjarne Melkevik, *«Le modèle communicationnel en science juridique: Habermas et le droit»*, (1990) 31 C. de D. p. 901-915; idem, *«Transformation du droit: le point de vue du modèle communicationnel»*, (1992) C. de D. 33, p. 115-139, Ces articles sont repris ce livre.

validité des normes. Grâce à elles, nous tenterons de saisir la nature de la reconstruction communicationnelle de l'État de droit démocratique et social moderne.

## La souveraineté communicationnelle et l'État de droit

Le modèle communicationnel de l'État de droit constitue un défi dans la mesure où il repose sur la possibilité d'une société formée ultimement sur la raison discursive. Habermas introduit une nouvelle façon de concevoir la légitimité qui constitue, on le sait, le fondement de tout État de droit. Pour Habermas, la légitimité ne peut émaner que de la souveraineté communicationnelle et le pouvoir doit être communicationnel. Grâce à une théorie de la souveraineté communicationnelle, il démontre que le droit, éventuellement programmable à l'échelle de l'État de droit, peut reposer sur le paradigme d'intégration sociale; il en arrive ainsi à relier la question de la légitimité au paradigme communicationnel.

Précisons d'abord l'objectif de la théorie de souveraineté communicationnelle. L'intersubjectivité dans la communication discursive déplace la question de la souveraineté vers la communication effective, en vue d'une reconnaissance réciproque de normes valides. Pour Habermas, la légitimité, de même que l'explication, ne peut plus s'appuyer sur une forme quelconque de Raison raisonnante, comme chez Kant, Fichte ou Hegel, ni sur la moralité du sujet comme chez Locke et la tradition libérale, ni sur un sujet collectiviste comme chez Bodin et Hobbes. Habermas rejette les conceptions de la souveraineté héritées de la modernité qui ont voulu fonder l'État de droit sur la volonté du «souverain». La solution de remplacement est la souveraineté communicationnelle.

## La souveraineté communicationnelle

Habermas déplace le lieu d'explication de l'État de droit car il pense la souveraineté selon un modèle accordant la priorité à ceux qui participent effectivement à la communication. Ce lieu ne peut plus être une hypostase de la Raison, de la Morale ou de la Communauté, comme nous l'avons dit auparavant. Habermas nous oblige à voir concrètement ceux qui «participent» communicationnellement, ou mieux, la multitude des personnes qui s'approprient le projet moderne de l'État de droit.

Le thème de la «souveraineté entièrement disséminée» relève, pour Habermas, d'une conception radicale de la démocratie. La légitimité, plus précisément la légitimité de l'État de droit, ne trouve plus son principe dans un quelconque sujet abstrait, mais dans les hommes et les femmes concrets qui mobilisent les ressources de leur monde vécu pour affirmer leur accord ou leur désaccord. En concédant peu de crédit à la théorie moderne de la souveraineté, Habermas fait le pari que la solidarité et l'exigence morale qui s'y exprime puissent se déployer librement dans des formes de discours publics[51]. En effet, Habermas fait de l'existence effective de la communication la seule instance possible de souveraineté :

La souveraineté entièrement disséminée ne s'incarne [...] pas dans les têtes des membres associés, mais - si l'on peut toutefois encore parler d'une quelconque incarnation - dans ces formes de communications discursives de l'opinion et de la volonté de façon à ce que leurs résultats faillibles aient pour eux la présomption de la raison pratique. Une souveraineté populaire devenue sans sujet et anonyme, intersubjectivement dissoute, ne trouve pas exclusivement son expression dans les procédures démocratiques

[51] William Rehg, *Insight and Solidarity. The Discourse Ethics of Jürgen Habermas*, Berkeley, University of California Press, 1994.

et les exigeantes conditions communicationnelles de son implantation. [...] La souveraineté communicativement liquéfiée se fait valoir dans le pouvoir des discours publics [...]. [52]

La question de la souveraineté est associée à l'existence, réelle ou potentielle, de la communication pratique dans l'espace public. C'est l'existence, réelle ou potentielle, de l'argumentation publique dans la société qui constitue le lieu de la souveraineté. Quand Habermas dépeint la souveraineté comme «entièrement disséminée» dans des formes de communication, c'est dans la communication en tant que phénomène social que réside la souveraineté moderne et donc la possibilité de légitimité pour le droit. La souveraineté repose donc sur l'utilisation publique de la raison en tant que force sociale s'affirmant dans un processus infini d'actes de langages, ces derniers renvoyant à la constitution des mondes vécus, c'est-à-dire à la différenciation que chaque individu peut se faire de la société et de la personnalité.

L'État, pourtant, ne peut se référer à une légitimité, pour disposer du droit ou pour une programmation politique de droit, que selon des prémisses très précises : l'État de droit ne peut être légitime que lorsque les destinataires des lois et des droits peuvent, en même temps, se considérer dans leur ensemble comme les auteurs rationnels des normes qui les concernent. Habermas fait ainsi sienne la définition hégélienne de la modernité juridique. Or, nous devons aussi souligner que la légitimité est ainsi rendue «non disponible» à tout pouvoir ou force d'autorité instituée, comme l'État de droit[53]. En fait, dans

[52] J. Habermas *«La souveraineté populaire comme procédure. Un concept normatif d'espace public»*, dans Lignes, Paris, no. 7, 1989, p. 52.

[53] J. Habermas, *«Law and Morality»*, The Tanner Lectures on Human Values, volume 8, 1988, sous la direction de Sterling M McMurrin, University of Utah Press, Salt Lake City & Cambridge University Press, Cambridge (Traduction française, idem, *Droit et morale*, Paris, Seuil, coll. Trace écrite,

l'idée d'un État de droit fondé sur la souveraineté communicationnelle, l'État n'est plus structuré grâce au pouvoir, si ce n'est que grâce au «pouvoir communicationnel»[54]. Par conséquent, le pouvoir politique, utilisé pour faire respecter le droit, doit lui-même être discursivement maîtrisé par les destinataires de ces droits. Soulignons ici que dans ce modèle, le postulat positiviste d'une homologie entre légitimité et légalité n'a plus de sens.

## Le nouvel État de droit

En conséquence de ce qui précède, le droit de l'État de droit doit être repensé. C'est pourquoi Habermas introduit une nouvelle conception du droit pour le soutenir[55]. La conception du droit que défend maintenant Habermas précise celle qu'il avait défendue dans *Théorie de l'agir communicationnel*[56]. Le droit sert maintenant de «médium» grâce auquel le pouvoir communicationnel se transforme lui-même en pouvoir

---

1997) Voir, aussi id, *Faktizität und Geltung, op. cit.*, p 541-599 (qui reproduit en langue allemand ce texte).

[54] Sur ce concept, voir Jean-Marc Ferry, *Habermas. L'éthique de la communication*, Paris, PUF, 1987. Habermas introduit le concept de «pouvoir communicationnel» en référence à la distinction d'Hannah Arendt entre *«pouvoir» (Macht) et violence (Gewalt)*, voir J. Habermas, *Faktizität und Geltung, op. cit.*, p. 182-187 (Traduction française, idem, Droit et démocratie. Entre faits et normes, op. cit., p 165-170). Cf. Jürgen Habermas, «Le concept de pouvoir chez Hannah Arendt», dans *Mana, Revue de sociologie et d'anthropologie (*Caen), numéro 10-11, 2002, p 181-200.

[55] Sur la relation entre l'État de droit (Rechtsstaat) et «rule of law» (le règne par législation politique/du droit) voir: Daniel Mockle, *«L'État de droit et la théorie de rule of law»*, dans (1994) 35 Les Cahiers de Droit, p. 823-904.

[56] J. Habermas, *Théorie de l'agir communicationnel*, Paris, Fayard, 1987, *Tome 1 Rationalité de l'agir et rationalisation de la société*, p. 401 s. Voir, B. Melkevik, *«Le modèle communicationnel en science juridique: Habermas et le droit»*, op. cit., et idem, *«Transformation du droit: le point de vue du modèle communicationnel»*, op. cit.,

administratif, en encadrement économique et en solidarité. Ainsi, l'État de droit instaure un équilibre entre les trois forces d'intégration sociale, à savoir l'argent, le pouvoir d'administration et la solidarité[57]. Comment cela se réalise-t-il?

Habermas défend l'idée que le droit sert à coordonner les actions sociales. Selon lui, l'ordre juridique est assuré et médiatisé, d'une part, par l'argent et le pouvoir venus des systèmes administratifs et économiques et, d'autre part, par la solidarité issue des mondes vécus. Le lien entre ces deux côtés, systèmes et mondes vécus — permettant ainsi l'unicité du droit — est le fait que chacun repose sur la perspective d'une intégration, qu'elle soit sociale ou systémique[58]. Le droit chez Habermas est le moyen de parvenir à une telle intégration. Le modèle communicationnel fait donc reposer le droit sur deux axes, soit sur une théorie normative et sur un ancrage empirique et social.

Or, l'intégration sociale requiert que chaque sujet, chaque individu, ne poursuive pas uniquement ses propres intérêts et ne comprenne pas uniquement ses propres actions comme des stratégies pour les satisfaire, comme c'est le cas dans les systèmes[59]. Il faut que le sujet puisse aussi coordonner ses actions avec d'autres d'une façon qui vise, et qui présuppose, l'intercompréhension et la détermination d'intérêts communs. Si l'intégration sociale devient la prémisse du droit, on peut considérer que celui-ci comble les lacunes de l'intégration sociale

---

[57] J. Habermas, *Faktizität und Geltung, op. cit.*, p 187. (Traduction française, idem, Droit et démocratie. Entre faits et normes, op. cit., p 169). C.f. idem, "*Morality, Society and Ethics - An Interview with Torben Hviid Nielsen*", Acta Sociologica, vol 33, fasc. 2, 1990, p. 106.

[58] J. Habermas, *Faktizität und Geltung, op. cit.*, p. 61-108. (Traduction française, idem, Droit et démocratie. Entre faits et normes, op. cit., p 56-96).

[59] Voir, J. Habermas, *Théorie de l'agir communicationnel*, Paris, Fayard, 1987

réalisée par les systèmes. Mais, plus important encore, le droit ne peut remplir la fonction d'intégration sociale qui lui revient que si les normes de l'État de droit possèdent un élément de légitimité allant au-delà de sa propre imposition coercitive.

Selon Habermas, la condition préalable à l'intégration sociale est que la société produise un arrière-fond d'intercompréhension dans le monde vécu. Cet arrière-fond constitue en quelque sorte un réservoir normatif pour l'évolution de la régulation juridique des processus systémiques, en même temps qu'il permet de réaliser un agir communicationnel malgré le risque, toujours élevé, de dissension. En d'autres termes, l'exigence de solidarité comme médium de l'intégration sociale des mondes vécus doit pouvoir concorder avec les exigences systémiques.

Cette façon de concevoir le droit nous conduit à une conception où le «monde vécu» s'apparente à un réservoir de normativité et de solidarité concrète dans lequel peut puiser le discours du droit. Il convient de souligner que si Habermas a repris le concept de «monde vécu» pour exprimer une conception phénoménologique de la société, celui-ci n'a plus un sens exclusivement sociologique. Chez Habermas, le concept de «monde vécu» joue un rôle théorique dans le modèle communicationnel du droit car il souligne les conditions communes qui sous-tendent les interactions sociales. Les actions communicationnelles ont pour condition préalable des données culturelles, des institutions légitimes et l'identité personnelle des acteurs. C'est grâce aux ressources puisées dans le monde vécu que nous pouvons agir comme des sujets personnalisés et socialisés. C'est notre assise pour agir de façon communicationnelle. Il s'ensuit que la solidarité au sein des mondes vécus est essentielle pour l'équilibre communicationnel de la société et de l'État de droit.

Cet État de droit repose sur une souveraineté entièrement disséminée dans les faits discursifs et bouscule la conception que nous nous en faisons ordinairement. La théorie habermasienne du droit dessine ainsi une conception radicale de la démocratie comme fondement de l'État de droit. Une conception où seule la force normative du dialogue de tous compte. Nous en aurons la confirmation par la suite en examinant le processus démocratique constituant l'État de droit selon Habermas.

## L'État de droit issu des procédures démocratiques

Chez Habermas, la reconstruction de l'horizon procédural de l'État de droit est un enjeu aussi important que le défi de concevoir la légitimité sur la souveraineté communicationnelle. Il s'agit en effet de comprendre la «procéduralité» de l'État de droit sur l'homologie entre la formation individuelle de l'opinion et la formation collective de la «volonté». Notre objectif consiste ici à comprendre comment Habermas reprend l'idée de la «procéduralité» du droit, telle que l'a développée la modernité, et comment il la redéfinit comme la formation d'une volonté «commune». Nous considérons d'abord la procédure de formation de la volonté chez Habermas, pour ensuite examiner la radicalisation de la démocratie[60].

---

[60] J. Habermas, «Law and Morality», dans Sterling M. McMurrin (dir.), The Tanner Lectures on Human Values, vol. 8, 1988, University of Utah Press, Salt Lake City & Cambridge University Press, Cambridge, p 217-279. (Traduction française: "Droit et morale", Paris, Seuil, coll. Traces écrits, 1997). Voir, aussi, idem, «Three normative models of democracy» dans, *Constellations*, op. cit., p. 10: Cf. la traduction française, idem, "Trois modèles normatifs de la démocratie", dans idem, L'intégration républicaine. Essais de théorie politique, Paris, Fayard, 1998, p 259-274, p 273.: «Même devenue anonyme, la souveraineté populaire ne se retire dans les procédures démocratiques et dans l'implémentation juridique de ses présuppositions fort exigeantes en matière de communication, que pour s'affirmer comme pouvoir générée au moyen de cette

## La formation collective de la volonté

Voyons comment la «formation collective de la volonté» peut gérer un État de droit[61]. Habermas propose de remplacer l'idéal collectif de formation de la volonté, développé au cours du siècle des Lumières et maintenu jusqu'à nos jours, par une formation collective de volonté procédurale intersubjective et concrète. En fait, le concept d'une souveraineté communicationnelle, telle que nous l'avons analysée auparavant, conduit Habermas à l'idée que la formation de la volonté commune ne consiste qu'en ceci : l'utilisation publique de la raison afin d'évaluer des arguments et des raisons. Nous pouvons d'abord examiner cette conception sur le plan principal, et non institutionnel, et ensuite brièvement au niveau des institutions publiques et juridiques.

Habermas part de la prémisse selon laquelle la volonté commune ne se trouve prédéterminée ni par la tradition ni par la constitution morale des personnes. Elle se crée, par contre, grâce à l'utilisation pratique de la raison dans l'espace public. Cette constatation le conduit à affirmer que la formation collective de la volonté s'explique par le processus de formation des arguments et des raisons et plus précisément, par la délibération communicationnelle, grâce au dialogue auquel tous participent. La volonté collective se forme comme la volonté individuelle ; c'est le résultat d'une délibération ouverte et non contraignante. Habermas considère en effet qu'il y a une homologie entre la

---

dernière. À vrai dire, ce pouvoir provient des interactions entre une formation de la volonté institutionnalisée par l'État de droit et des espaces publics mobilisés par la sphère culturelle, qui, de leur côté, ont leur base dans les associations d'une société civile aussi éloignée de l'État que de l'économie».

[61] J. Habermas, «Towards a Communicative Concept of Rational Collective Will-Formation. A Thought-Experiment», dans (1989) 2 Ratio Juris p. 144 s. Voir, idem, «Faktizität und Geltung», p 187-207, pour cet article en langue allemand.

formation des volontés individuelles et collectives puisque toutes se constituent intersubjectivement. Cette homologie lui permet de postuler que le processus de formation de la volonté intersubjective repose sur le paradigme de la délibération générale et non sur une quelconque expression d'une volonté générale. La délibération générale devient par conséquent le point de convergence entre l'opinion individuelle et la volonté démocratique.

L'espace public exprime de cette façon la quintessence de la formation discursive de volonté en assurant un échange de plus en plus élargi d'arguments et de raisons qui peut à la fois éclairer les individus et contribuer à la formation d'une volonté collective. Cet échange communicationnel d'arguments et de raisons assure les modalités de la formation d'une volonté comprise intersubjectivement[62].

Cette conception ne néglige pas pour autant le fait que l'espace public puisse être manipulé, détourné, dépolitisé. Elle n'ignore pas non plus que l'accès à l'espace public n'a jamais été équitable et qu'il a continuellement subi l'influence de forces anonymes, quelquefois obscures. Les limites de l'espace public sont celles de la démocratie.

La thèse d'une homologie entre la formation individuelle et collective de la volonté se concrétise dans quelques exigences discursives que Habermas décrit comme suit: «la participation de

---

[62] J. Habermas, «La souveraineté populaire comme procédure. Un concept normatif d'espace public», op. cit., p. 56: «L'État de droit devient un projet, en même temps que résultat et catalyseur accélérant d'une rationalisation du monde vécu débouchant bien au-delà du politique. Le seul contenu du projet est l'institutionnalisation pas à pas améliorée des procédures de formation rationnelle collective de la volonté, procédures qui ne peuvent pas préjuger des buts concrets des parties concernées. Sur cette voie, chaque pas a des effets en retour sur la culture politique et les formes de vie;[...]».

toutes les personnes concernées, l'égalité de droit des participants, une interaction dépourvue de contrainte, une bonne foi quant aux thèmes et aux contributions proposés, le caractère révisable des résultats, etc.»[63] En somme, cette série d'exigences discursives enracine la formation collective de la volonté dans des discussions publiques, découvre des thèmes pertinents pour l'ensemble de la société, interprète des valeurs, contribue à la résolution des problèmes et produit de bonnes raisons tout en écartant les mauvaises.

La discussion pratique est soumise à l'exigence du consensus, de l'élaboration d'une «volonté commune». C'est l'objet de la «procéduralité» que de produire une «volonté commune» qui ne sera ni l'expression de minorités dites éclairées, comme celles des juges ou des intellectuels, ni l'expression d'une majorité, comme dans une conception formelle de la démocratie; la «volonté commune» exprime une volonté à laquelle tout le monde pourra souscrire. Il est ici capital d'insister sur le fait que l'impératif du consensus chez Habermas ne témoigne pas d'un utopisme devant les forces factuelles de notre modernité contemporaine, mais bien de la reconnaissance de l'exigence morale selon laquelle personne ne doit être exclu pour quelque raison que ce soit.

L'intérêt de cette façon de concevoir la formation collective de la volonté se manifeste au plan institutionnel par le fait que ce processus «juridique» de base permet de comprendre la nature des institutions démocratiques. Autrement dit, les institutions de la démocratie se donnent de bonnes raisons et de bons arguments en gérant et en imputant, selon des règles institutionnelles, les médiums donnés selon ce type de formation de la volonté. Habermas pense en effet que la formation de la volonté sur la place publique doit se «dissoudre» dans les institutions

[63] J. Habermas, «"L'Espace public" - 30 ans après», dans Quaderni: La revue de la communication, Paris, no 18, automne 1992, p. 182.

démocratiques[64]. Il estime d'ailleurs que la formation collective de la volonté peut inclure différentes formes de discours, à savoir pragmatique, éthique et politique, moral, ce qui inclut même le concept du *fair bargaining*[65].

Cela nous amène au côté radical de la démocratie chez Habermas[66].

## La radicalisation de la démocratie

Habermas a fait siennes les promesses de la démocratie antique grecque et celles de notre modernité juridique et politique : «[...] dans le dialogue que les citoyens entretiennent, les choses viennent au langage et en reçoivent forme.»[67]. Autrement dit, la production des artefacts sociaux, comme la normativité régissant

---

[64] J. Habermas, «"L'espace public" 30 ans après», op. cit.,p 182-183: «C'est dans cette même perspective d'une institutionnalisation juridique des conditions communicationnelles générales d'une formation discursive de la volonté, que peuvent être comprises d'autres institutions, comme par exemple la réglementation de la composition et la méthode de travail des assemblées législatives, celle des responsabilités et des immunités des représentants élus, mais aussi le pluralisme politique des systèmes multipartisans, la contrainte pour les partis de masse de lier ensemble dans leurs programmes des positions d'intérêts différentes, etc.».

[65] J. Habermas, «Faktizität und Geltung», op. cit., p. 187 - 208. (Traduction française, idem, Droit et démocratie. Entre faits et normes, op. cit., p 169 - 188)

[66] J. Habermas, «Écrits politiques. Culture, Droit, Histoire», op cit., p. 158: «C'est dans cette souveraineté rendue fluide par la communication que se trouve le potentiel de réflexion nécessaire, pour autant, en effet, que, d'autre part, elle se fait entendre à travers les thèmes, les arguments et les solutions proposés, tels qu'ils surgissent librement au gré du débat public, [...] Le pouvoir engendré par la communication peut sans esprit de conquête agir sur les prémisses des processus d'évaluation et de décision tels qu'il se déroulent dans le cadre de l'administration publique, puis qu'il s'agit, pour lui, de faire valoir ses exigences normatives dans le seul langage que comprend la forteresse ainsi assiégée: il gère le fonds d'arguments que le pouvoir administratif est en droit d'utiliser de manière instrumentale, mais non - pour autant que sa structure est celle de l'État de droit - d'ignorer».

[67] J. Habermas, «L'espace public», Paris, Payot, 1978, p. 16.

la coordination des actes sociaux et les institutions qui l'assurent, n'a d'autre «vérité» que ce dialogue. Un dialogue public érigé comme détenteur unique et ultime de la légitimité normative est au cœur même d'une conception moderne de l'État de droit.

C'est une affirmation que nous pouvons maintenant approfondir grâce à deux conditions de l'État de droit communicationnel : l'autonomie individuelle et l'indétermination du droit.

Parcourons d'abord l'axe de l'autonomie individuelle. L'autonomie, qui est l'idéal constitutif de notre modernité, est associée à l'utilisation publique de la raison dans l'espace public, sans pour autant porter atteinte à l'idéal de l'autonomie comme devoir moral des individus. En effet, Habermas a déplacé le critère de l'autonomie individuelle vers l'intersubjectivité en situant cette autonomie individuelle dans l'espace public. Il s'agit certainement de l'une des façons dont Habermas se sert pour réfuter «la philosophie» du sujet, ou de la conscience. Mais plus subtilement encore, l'autonomie ne peut plus être pensée que comme position intermédiaire entre Kant et Hegel : l'individu se réalise comme être moral par l'utilisation publique de la raison dans l'espace public. Autrement dit, l'idéal de l'autonomie morale est ancré dans l'intersubjectivité de l'espace public et l'État de droit, issu de cette autonomie morale, est lui-même ancré dans l'espace public.

Voyons maintenant l'indétermination du droit : le droit ou, mieux encore le projet de légitimation du droit, n'est jamais «fini». Habermas définit le droit comme étant continuellement «ouvert», ce qui lui permet de recentrer l'horizon juridique sur l'intersubjectivité communicationnelle, tout en dépassant la philosophie de la conscience ou du sujet. Le droit, ayant perdu les fondements métaphysiques que la philosophie moderne lui avait fournis, devient ainsi objet de lutte politique, sociale et juridique.

Le droit est objet de lutte ou de controverse (polémique) avant de devenir sujet irénique.

Nous comprenons mieux maintenant le projet de Habermas : il veut institutionnaliser juridiquement les procédures et les présuppositions communicationnelles, ces dernières exigeant un réseau d'arguments et de négociations différenciées selon les interrogations auxquelles il doit répondre. Cette reformulation de l'État de droit remet en question le droit positif : celui-ci ne peut plus trouver son origine dans un droit moral ou des principes supérieurs, mais exclusivement dans un processus discursif (présumé rationnel) de formation collective de la volonté. Dans ces discours, les individus «testent» les droits qu'ils doivent réciproquement s'accorder. En tant que sujets juridiques, ils doivent ancrer leur projet d'autorégulation dans le médium même du droit. Habermas fait ainsi sortir la rationalité juridique des arcanes de la «philosophie de la conscience» en engageant la modernité juridique sur le chemin d'une philosophie de l'intersubjectivité.

## La validation sociale des normes juridiques par le discours

Habermas développe une théorie de la validité sociale des normes juridiques à mi-chemin entre la tradition kantienne et la tradition hégélienne. En fait, il envisage une validité exerçant deux fonctions : assumer l'exigence d'universalité caractérisant notre modernité juridique et politique, et rendre compte des luttes sociales et politiques qui se manifestent dans un État de droit.

Plus précisément, Habermas conçoit la validation des normes juridiques comme un processus consistant à honorer des prétentions à la validité par des arguments et des raisons[68]. Nous pouvons dire, dans cette perspective, que les prétentions à la validité nous viennent de l'extérieur de ce processus de validation, soit des systèmes économiques ou administratifs, soit des mondes vécus. Habermas, en acceptant cette «production» extérieure et la logique du pouvoir, de l'argent et de la solidarité qui s'y déploie, établit le lien entre la validation des normes juridiques et le paradigme d'un processus de validation sociale.

Ainsi, nous verrons que l'universalité des normes conditionne leur validité, que la validation des normes se munit de garanties et que les droits fondamentaux, les droits de l'homme et les droits subjectifs ont leur place dans ce modèle.

## L'universalité, condition de la validité des normes

La validité sociale des normes juridiques peut être éclairée par le test de l'Universalité des normes que définit Habermas:

---

[68] J. Habermas, «Morale et communication», op.cit., p. 125: «Le principe d'une éthique de la discussion se réfère à une *procédure* qui consiste, en l'occurrence, à honorer par la discussion des exigences normatives de validité. On taxera donc, à juste titre, l'éthique de la discussion de *formelle*. Elle ne livre pas des orientations relatives au contenu, mais une manière de procéder: la discussion pratique. L'objet de cette manière de procéder n'est assurément pas de produire des normes légitimées. Il consiste bien plutôt à tester la validité de normes qui sont proposées ou envisagées à titre d'hypothèse. Il faut donc que les discussions pratiques reçoivent leurs contenus de l'extérieur. Sans l'horizon propre au monde vécu d'un certain groupe social, et sans conflits d'action inhérents à une situation donnée dans laquelle les participants estiment devoir régler par le consensus une querelle portant sur un problème de société, vouloir mener une discussion pratique ne présenterait aucun intérêt. [...] Par conséquent, cette procédure est formelle mais non au sens où il y aurait abstraction des contenus. C'est parce qu'elle est ouverte que la discussion a précisément besoin que les contenus contingents lui soient "donnés."».

Chaque norme valide doit satisfaire à la condition selon laquelle les conséquences et les effets secondaires qui, de manière prévisible, résultent de son observation universelle dans l'intention de satisfaire les intérêts de tout un chacun peuvent être acceptées sans contrainte par toutes les personnes concernées. [69]

Nous observons dans ce test de l'universalité que la question de la validité est structurée sur deux axes complémentaires : d'une part, l'exigence de l'universalité proprement dite et, d'autre part, les intérêts des personnes vivant dans des contextes réels. Autrement dit, la validité se situe à la croisée des axes du Juste et du Bien. Pour comprendre ce test, nous devons d'abord connaître les intentions de Habermas.

En fait, le test de l'universalité reformulé de façon intersubjective prend le contre-pied de la philosophie de la conscience de Kant, de Fichte et d'Hegel. Le test de l'universalité est critique chez Habermas dans un sens émancipatoire concret. Comme il l'écrit :

Briser les chaînes d'une fausse et prétendue universalité de principes universalistes, épuisés sélectivement et appliqués sans égard au contexte, a toujours requis, et requiert aujourd'hui encore, des mouvements sociaux et des luttes politiques, et ce afin d'apprendre, à partir des douloureuses expériences et des souffrances irréparables des opprimés et des offensés, des blessés et des massacrés, que personne n'a le droit d'être exclu de l'universalisme moral - ni les classes sous-privilégiées, ni les nations exploitées, ni les femmes domestiquées, ni les minorités marginalisées. Celui qui, au nom de l'universalisme, exclut l'Autre, qui pour l'autre a le droit de rester un étranger, trahit sa propre idée. Ce n'est que dans la libération radicale des histoires

[69] J. Habermas, «De l'éthique de la discussion, op. cit. p. 34.

de vie individuelles et des formes de vie particulières que s'affirme l'universalisme de l'égal respect pour chacun et de la solidarité avec tout ce qui porte visage humain. [70]

Cette affirmation nous servira de point d'appui et nous chercherons à comprendre le principe de l'universalité dans sa distance avec l'héritage du siècle des Lumières.

Habermas n'est pas prêt à délaisser l'exigence de l'universalité des normes. Un horizon universaliste doit nous servir de façon critique à honorer les prétentions à la validité pratiquement dans l'argumentation. L'universalité des normes juridiques, telles que les décrit Habermas, se présente comme un test discursif; en effet, les normes sont présentées par des personnes concrètes et leur prétention à la validité est «argumentativement» éprouvée dans l'espace public en vue d'obtenir un consensus garantissant leur validité. L'universalité des normes juridiques, dont témoigne cette vision, n'est rien d'autre qu'un consensus obtenu discursivement.

Plus important encore est le rôle des intérêts, de la dimension «factuelle». Ils jouent un rôle capital dans cette conception de la validité des normes. Sur le plan collectif, Habermas affirme que l'exigence de l'universalité nécessite des mouvements sociaux et des luttes politiques. Selon lui, les mouvements sociaux offrent en fait un ferment aux communications thématisant les intérêts des minorités et des marginalisés dans des sociétés multiculturelles. Quant au niveau individuel, les intérêts qui émergent des histoires de vies doivent s'exprimer tout à fait librement, bien que ces intérêts refusent radicalement l'universalisme. Habermas affirme que collectivement et individuellement, ce sont des hommes et des femmes situés dans un contexte donné qui élaborent des normes. La dimension

[70] J. Habermas, «De l'éthique de la discussion», Paris, Cerf, 1992. p. 107-108.

factuelle entre en jeu dans l'élaboration des discours de formation des normes. En fait, l'insistance de Habermas sur «la dimension factuelle» rappelle plutôt le marxisme «utopique» qu'autre chose[71].

Les deux axes que nous venons d'analyser sont complémentaires. Ensemble, ils témoignent que la validité controversée des normes ne se laisse thématiser que dans la perspective de la première personne du pluriel, par le *Nous*, s'exprimant concrètement dans l'espace public.

## Les garanties de la validation des normes

On reproche fréquemment à Habermas de ne pas fournir assez de garanties contre la validation de normes néfastes pour la démocratie ou pour la dignité humaine[72]. Notre histoire et notre contemporanéité donnent du poids à cette objection. Or, c'est justement sur ce point qu'interviennent la règle discursive de cognitivité et le rôle spécifique du critère de consensus. C'est chaque fois à «notre» reconnaissance que sont renvoyées les prétentions à la validité normative.

Chez Habermas, le critère du consensus fait référence aux individus qui, par leurs jugements, s'approprient le processus de validation. Il ne s'agit pas d'un processus abstrait et anonyme. En fait, la validation ne peut être obtenue que dans l'optique d'une évaluation pratique par des individus concrets, une optique où chacun se constitue comme juge lorsqu'il répond par «oui» ou par «non». Cette évaluation s'appuie sur la règle discursive de

---

[71] C.fr. Agnes Heller, «La théorie des besoins chez Marx», Paris, U.G.É, collection 10/18, 1978.

[72] Ota Weinberger, «Habermas on Democracy and Justice. Limits of a Sound Conception», dans Ratio Juris, vol.7, no 2, 1994, p. 239-253.

cognitivité qui seule peut supporter ce poids. Le locuteur et l'auditeur interprètent les prétentions à la validité selon les standards culturels en vigueur. Nous pouvons supposer qu'un individu ou groupe de personnes veulent émettre un «non» catégorique contre des normes qui portent atteinte à leurs intérêts. En fait, ce «non» représente un appel à la dimension réflexive en vue de réactiver le processus de validation des normes.

En réalité, le consensus ne peut donc s'obtenir que dans le cas d'un nombre restreint de normes. L'exigence de consensus instaure de ce fait une sorte de dialogue permanent entre les majorités et les minorités culturelles ou autres. Le dialogue qui en découle impose alors un choix minimaliste en raison de l'exigence de consensus. Ce choix ouvre de façon normative l'espace public à des affirmations d'identités et de cultures *en droit*. Le concept communicationnel de droit reconnaît ainsi normativement le droit de l'étranger à rester pour nous un étranger. En effet, le respect d'un pluralisme factuel défendu par le libéralisme cède la place à un pluralisme normatif (et factuel) sur le plan du droit.

Précisons maintenant le sens que nous devons accorder à la théorie de la validation des normes chez Habermas. En fait, dans le débat philosophique qui a opposé Kant et Hegel quant aux fondations des normes, Habermas donne raison à l'un et à l'autre en acceptant en même temps l'universalité et l'enracinement culturel. L'attrait de son approche est précisément la tension fructueuse de cette bipolarité. Sa conception de la validation de normes reconnaît que le projet même de société est intrinsèquement lié aux débats idéologiques et aux luttes politiques et sociales. Loin d'établir une théorie de la justice, comparable à celle de Rawls ou de Sandel, ce modèle de pensée sur la démocratie, le droit et la sélection des normes, accorde une légitimité à ces débats, à ces luttes. Constatant les impasses de l'État-Providence, Habermas confère ainsi un droit aux acteurs sociaux, individuels et collectifs, mais avec une restriction : si l'on recherche une solution normative, il faut se soumettre à la logique même de cette normativité. En clair, c'est ainsi que nous pourrons résoudre des conflits sans recourir à la violence ou aux stratégies à courte vue.

## La place des droits fondamentaux, des droits de la personne et des droits subjectifs

À cette étape, on doit s'interroger sur la place des droits fondamentaux, des droits de la personne et des droits subjectifs (*rights*) dans ce modèle.

Le libéralisme thématise la volonté collective à l'égard de droits moraux «non politiques» originels et métaphysiquement établis pour représenter le fondement et la limite de la volonté collective. Si on le compare au libéralisme, le modèle communicationnel ne donne-t-il pas tous les «atouts» à la collectivité ?[73] L'un des changements, ou l'une des précisions majeures, qu'apporte Habermas dans le modèle communicationnel du droit est sûrement une théorie des droits fondamentaux. [74]

En effet, si les citoyens doivent être en mesure de se percevoir comme les auteurs des lois, il faut que les droits fondamentaux des individus formant la communauté juridique stabilisent l'intersubjectivité discursive. De fait, «l'interrelation interne entre souveraineté populaire et droits humains consiste en ce que le

---

[73] Ota Weinberger, «Habermas on Democracy and Justice. Limitits of a Sound Conception», op. cit.

[74] Voir, Paul Cobben, «On the status of the system of rights», dans la revue Current Legal Theory. International Journal for the Theory of Law and its Documentation, Tilburg, Vol. 12, no 2, 1994, p. 1-21.

système de droits indique, précisément, les conditions dans lesquelles les formes communicationnelles nécessaires à une création du droit politiquement autonome peuvent, à leur tour, être juridiquement institutionnalisées.»[75]

Cette stabilisation ne peut s'effectuer que grâce à un faisceau de droits fondamentaux faisant référence à la communication intersubjective, à savoir le droit d'expression, le droit de participation politique, etc. Habermas fait des droits fondamentaux mentionnés le fondement et le principe d'autres catégories de droits. Les droits fondamentaux de base servent alors à générer les droits individuels comme les droits collectifs. Il n'existe plus dans le modèle communicationnel d'«enjeux» libéraux ou républicains, mais une interaction entre deux dimensions également pertinentes.

En fait, les personnes participent réellement à la production des droits et de lois de façon intersubjective. La relation interne entre les «droits de l'homme» et la souveraineté populaire consiste donc, selon Habermas, dans la perspective d'une autolégislation institutionnalisée ne pouvant s'accomplir que dans un cadre légal, ou mieux, constitutionnel, Le cadre constitutionnel réalise simultanément la garantie des libertés individuelles et les conditions institutionnelles de son application. Dans la même veine, la distribution égale de ces libertés (et leurs

---

[75] J. Habermas, «Faktizität und Geltung», op. cit., p. 134. Notre traduction: «Mithin besteht der gesuchte interne Zusammenhang zwischen Volkssouveränität und Menschenrechten darin, dass das System der Rechte genau die Bedeutungen angibt, unter denen die für eine politisch autonome Rechtssetzung notwendigen Kommunikationsformen ihrerseits rechtlich institutionalisiert werden können». (Traduction française, idem, *Droit et démocratie. Entre faits et normes*, op. cit., p 120: «Par conséquent, la cohérence interne recherchée entre la souveraineté populaire et les droits de l'homme consiste en ceci que le système des droits précise les conditions sous lesquelles les formes de communication nécessaires à une instauration du droit politiquement autonome peuvent donner lieu de leur côté à une institutionnalisation de droit.»)

«valeurs équitables») ne peut voir le jour que par le biais d'une procédure démocratique qui garantit que le résultat d'une formation politique de la volonté et de l'opinion soit raisonnable. De cette façon, l'autonomie privée et l'autonomie publique se présupposent l'une et l'autre. Ni l'une ni l'autre ne pouvant revendiquer la suprématie.

Habermas n'a pas remis en question la morale universaliste inhérente aux droits de l'homme. Il accepte largement cette morale et ouvre ainsi, grâce à la complémentarité du droit et de la morale, la possibilité que la morale puisse représenter le sens et le contenu des droits de base. Par contre, sur le plan d'une philosophie du droit, Habermas a introduit une tension: d'une part il a renforcé le sens juridique des droits fondamentaux en le conjuguant avec la tradition du républicanisme civique, d'autre part, il a affaiblit les droits fondamentaux dans la mesure où ils constituent des freins à la démocratie dont peuvent disposer les libéraux.

Ce dernier point nécessite un éclaircissement et nous voulons le fournir en soulignant que la liberté négative provient de la tradition libérale. Historiquement, les droits fondamentaux ont servi d'argument dans la rhétorique libérale visant à limiter les droits et les libertés des ouvriers et des mouvements ouvriers. Cette rhétorique a eu pour effet de détourner largement lesdits individus et mouvements de la potentialité démocratique des droits de l'homme; ils se sont même retournés contre celle-ci, affaiblissant la démocratie et la potentialité de l'État de droit à progresser. Or, Habermas considère les droits fondamentaux comme devant d'abord être réciproquement donnés et intersubjectivement affirmés, et donc limités à leur sens positif et démocratique. Il peut alors élever les droits fondamentaux au rang de libertés négatives, mais avec la possibilité de thématiser le sens de celles-ci dans une société démocratique.

## En guise de conclusion

L'horizon d'un État de droit communicationnel que vient de nous proposer Habermas peut être évalué sous différentes facettes. Il nous semble en effet que le sens de ce projet bouscule et dépasse autant la conception positiviste ou formelle de l'État de droit que le libéralisme. Effectivement, ce projet repense l'État de droit à partir de prémisses dont certaines correspondent à notre État-Providence actuel, et d'autres sont postmétaphysiques, établies dans l'héritage contemporain de la Modernité juridique.

Habermas délaisse les métaphores du «contrat social». Il devient impossible de penser le droit sur la base d'un «contrat social» hypothétique. Comme les théories contractualisées ont construit l'autonomie des citoyens sur le fond d'un contrat que les sujets signent librement, le modèle de Habermas déplace le débat dans un cadre intersubjectiviste où le processus discursif porte entièrement le fardeau démocratique du droit. Le modèle communicationnel se veut concret.

Il ne s'agit plus de rééquilibrer la «division des pouvoirs» entre les institutions étatiques ou entre ces dernières et les individus, comme nous l'enseigne encore le libéralisme; plus radicalement, et plus profondément, il faut repenser la notion même de légitimité sous l'angle de la communication. Le projet de société est intrinsèquement lié aux débats idéologiques et aux luttes politiques et sociales et il s'agit plutôt de rééquilibrer celles-ci.

Habermas recherche un changement démocratique radical de notre compréhension de l'État de droit et des lois; ce serait un nouvel équilibre entre la force d'intégration de la société - la solidarité - et les deux médiums fondamentaux des systèmes, à savoir l'argent et le pouvoir administratif. La solidarité doit pouvoir s'imposer légitimement à ces médiums pour ainsi faire valoir les prétentions des mondes vécus orientés vers l'intercompréhension.

# Bibliographie


Alexy, Robert, *A Theory of Legal Argumentation: The Theory of Rational Discourse as Theory of Legal of Legal Justification*, Oxford, Clarendon Press, 1989.

Alexy, Robert, "Eine Theorie des praktischen Diskurses", dans Willi Oelmuller (dir.), *Normenbegrundung, Normendurchsetzung*, Schjoningh, Paderborn, 1978, p 22-58.

Boulad-Ayoub, Josiane, Bjarne Melkevik et Pierre Robert (dir.), *L'amour des lois. La crise de la loi moderne dans les sociétés démocratiques*. Paris, L'Harmattan et Ste-Foy, Les Presses de l'Université Laval, 1996.

Cobben, Paul, «On the status of the system of rights», *Current Legal Theory. International Journal for the Theory of Law and its Documentation*, Tilburg, Vol. 12, no 2, 1994, p 1 – 21.

Dewars, Ingrid, "La rationalité du discours pratique selon Robert Alexy", *Archives de philosophie du droit (Paris), vol 32, 1987, p 291-304.*

Ferry, Jean-Marc, *Habermas. L'éthique de la communication*, Paris, PUF, 1987.

Habermas, Jürgen et Luhmann Niklas, *Theorie der Gesellschaft oder Sozialtechnologie: Was leistet die Systemforschung?*, Francfort, Suhrkamp, 1971.

Habermas, Jürgen, *L'espace public*, Paris, Payot, 1978

Habermas, Jürgen, *Raison et légitimité*, Paris, Payot, 1978.

Habermas, Jürgen, «Explications du concept d'activité communicationnelle», (1982), dans, Jürgen Habermas, *Logique des sciences sociales et autres essais*, Paris, PUF, 1987, p. 413-446.

Habermas, Jürgen, *Morale et communication : conscience morale et activité communicationnelle*, Paris, Cerf, 1985

Habermas, Jürgen, *Le discours philosophique de la modernité. Douze conférences*, Paris, Gallimard, 1985.

Habermas, Jürgen, *Théorie de l'agir communicationnel*, Tome 1: *Rationalité de l'agir et rationalisation de la société*, Tome 2 : *Pour une critique de la raison fonctionnaliste*, Paris, Fayard, 1987.

Habermas, Jürgen, *Logique des sciences sociales et autres essais*, Paris, Les Presses universitaires de France, 1987.

Habermas, Jürgen, «Law and Morality», dans Sterling M. McMurrin (dir), *The Tanner Lectures on Human Values,* University of Utah Press, Salt Lake City & Cambridge University Press, Cambridge, vol. 8, 1988, p 217-279. (Traduction française: "*Droit et morale*", Paris, Seuil, coll. Traces écrits, 1997).

Habermas, Jürgen, «Towards a Communicative Concept of Rational Collective Will-Formation. A Thought-Experiment», *Ratio Juris,* vol 1989, no *2,* p 144 – 154.

Habermas, Jürgen, «La souveraineté populaire comme procédure. Un concept normatif d'espace public», *Lignes*, Paris, 1989, no 7, p. 29-58.

Habermas, Jürgen, "Morality, Society and Ethic - An Interview with Torben Hviid Nielsen", *Acta Sociologica*, 1990, vol. 33, fasc. 2, p. 93-114.

Habermas, Jürgen, *Écrits politiques : Culture, droit, histoire*, Paris, Cerf, 1990.

Habermas, Jürgen, «"L'Espace public" - 30 ans après», *Quaderni: La revue de la communication*, Paris, automne 1992, no 18, p.165-191.

Habermas, Jürgen, *De l'éthique de la discussion*, Paris, Cerf, 1992.

Habermas, Jürgen, *Faktizität und Geltung. Beitrage zur Diskurstheorie des Rechts und des demokratischen Recthsstaats*, Frankfurt, 1992, (trad. fr. 1997).

Habermas, Jürgen, «Three normative models of democracy, *Constellations*, 1994, vol. 1, no 1, p. 1 10.

Habermas, Jürgen. *Droit et démocratie. Entre faits et normes*, Paris, Gallimard, 1997.

Habermas, Jürgen, *Droit et morale*, Paris, Seuil, coll. Traces écrits, 1997.

Habermas, Jürgen, «Le concept de pouvoir chez Hannah Arendt», dans *Mana, Revue de sociologie et d'anthropologie* (Caen), numéro 10-11, 2002, p 181-200.

Heller, Agnes, *La théorie des besoins chez Marx*, Paris, U.G.É, collection 10/18, 1978.

Niklas Luhmann : *Rechtssoziologie*, Opladen, Westdeutscher Verlag, 1983. (Traduction anglaise : *A Sociological Theory of Law*, London, Hutchinson, 1985).

Luhmann, Niklas, *Ausdifferenzierung des Rechts*, Frankfurt am Main, Suhrkamp, 1981.

Luhmann, Niklas, *Legitimation durch Verfahren*, Neuwied, Luchterhand, 1969 (Trad. française : *La légitimation par la procédure,* Québec, Les Presses de l'Université Laval, coll. Diké, 2000.)

McCarthy, Thomas, *The Critical Theory of Jürgen Habermas*, Cambridge, Mass. et Londres, The MIT Press, 1978.

Melkevik, Bjarne, «Le modèle communicationnel en science juridique: Habermas et le droit», (1990) 31 *C. de D.* p. 901-915; repris dans ce volume.

Melkevik, Bjarne, «Transformation du droit: le point de vue du modèle communicationnel», (1992) *C. de D.* 33, p. 115-139; repris dans ce volume.

Melkevik, Bjarne, «Habermas et l'État de droit. Le modèle communicationnel du droit et la reconstruction réflexive de l'État de droit contemporain», dans Josiane Boulad-Ayoub, Bjarne Melkevik et Pierre Robert (dir.), *L'amour des lois. La crise de la loi moderne dans les sociétés démocratiques*. Paris, L'Harmattan et Ste-Foy, Les Presses de l'Université Laval, 1996, p. 371-387; repris dans ce volume.

Melkevik, Bjarne, *Horizons de la philosophie du droit*, Paris, L'Harmattan & Québec, Les Presses de l'Université Laval, 1998 (collection : Diké, 2004).

Mockle, Daniel, «L'État de droit et la théorie de *rule of law,* (1994) 35 *Les Cahiers de Droit* p. 823-904.

Rehg, William, *Insight and Solidarity. The Discourse Ethics of Jürgen Habermas*, Berkeley, University of California Press, 1994.

Weinberger, Ota, «Habermas on Democracy and Justice. Limits of a Sound Conception», *Ratio Juris*, vol 7, no 2, 1994, p. 239-253.

# Bibliographie complémentaire sur «droit» et «constitutionnalisme» chez Habermas.

Apel, Karl-Otto, «La relation entre morale, droit et démocratie. La philosophie du droit de Jürgen Habermas jugée du point de vue d'une pragmatique transcendantale», *Les Études philosophiques,* (Paris), 2001, no 1, p 67-80.

Aubert, Isabelle, «Droit intersubjectif et sujets politiques chez Jürgen Habermas», dans Hourya Bentouhami, Ninon Grangé, Anne Kuplec et Julie Saada (dir.), *Le souci du droit. Où en est la théorie du droit»*, Sens & Tonka, 2009, p 91-108.

Bernatchez, Stéphane, «Droit et justice constitutionnelle de Habermas à Luhmann», *Canadian Journal of Law and Society*, 2006, vol 21, no 2, p 113-141.

Chambe, David, «Habermas et le problème du droit moderne», *Revue de Recherche Juridique – Droit Prospectif*, Aix-Marseille, 2002, fasc. 4, p 1663-1678.

Cayla, Olivier, «L'angélisme d'une théorie pure (du droit) chez Habermas, *Revue du droit public*, Paris, 20007, fasc. 6, p 1541 – 1568.

Cayla, Olivier, «Habermas, Jürgen : Droit et démocratie, entre fait et norme», dans Olivier Cayla et Jean-Louis Halpérin (dir.), *Dictionnaire des grands œuvres juridiques*, Paris, Dalloz, 2008, p 229-239.

Courtois, Stéphane, "Droit et démocratie chez John Rawls et Jürgen Habermas : fondationnalisme des droits ou démocratie délibérative?", *Politique et sociétés*, 2003, vol.22, no.2, pp.103-124.

Courtois, Stéphane, "Cosmopolitisme, droits humains et État-nation chez Habermas", dans W. Tega, G. Ferrandi, M. Malaguti et G. Volpe (dir), *La philosophie et la paix*, Paris, Éditions J. Vrin, tome II, 2002, p.535-541.

Courtois, Stéphane, "Principe de discussion et délibération démocratique. Sens et portée du modèle du discours dans la théorie du droit et de la démocratie de Habermas", dans A. Duhamel, D. Weinstock & L. B. Tremblay (dir.), *La démocratie délibérative en philosophie et en droit : Enjeux et perspectives*, Montréal, Les Éditions Thémis, 2001, p.51-82.

Cusset, Yves, «Sommes-nous encore intéressés à l'émancipation? Pour une lecture critiques des principes normatifs de l'État de droit démocratique chez Habermas», Archives de philosophie ENS, no 66, 2003, p 585-602.

Deflem, Matthieu, «La notion de droit dans la théorie de l'agir communicationnel de Jürgen Habermas», *Déviance et société*, 1994, vol 18, no 1, p 95-120.

Deranty, Jean-Philippe, «Droit et démocratie entre dissolution biopolitique et reconstruction normativiste : Agamben, Foucault, Habermas, Honneth», dans Yves Cusset et Stéphane Haber (dir.) *Habermas et Foucault. Parcours croisés, confrontations critiques*, Paris, Presses du CNRS, 2006, p.211-226.

Dufour, Frédérick-Guillaume, *Patriotisme constitutionnel et nationalisme. Sur Jürgen Habermas,* Montréal, Liber, 2001.

Duhamel, André, Daniel Weinstock & Luc B. Tremblay (dir.), *La démocratie délibérative en philosophie et en droit : Enjeux et perspectives*, Montréal, Les Éditions Thémis, 2001.

Ebila, Louis Anicet Ebila, «*Postmodernité et État de droit démocratique chez Jürgen Habermas*», Sarrebruck, Éditons Universitaires Européennes, 2011.

Fonseca, David, «L'«effet Habermas» dans la doctrine constitutionnelle contemporaine», *Revue du droit public*, Paris, 20007, fasc. 6, p 1569 – 1616.

Guibentif, Pierre, «Et Habermas? Le droit dans l'œuvre de Jürgen Habermas, éléments d'orientation», *Droit et société*, Paris, 1989, no 11-12, p 161-190.

Guibentif, Pierre, «*Foucault, Luhmann, Habermas, Bourdieu : Une génération repense le droit*», Paris, L.G.D.J.-L'Extenso éditions; coll. Droit et société. Série Sociologie no 53, 2010.

Höffe, Otfried, «Sur la théorie du droit et de l'État de Habermas. *Faktizität und Geltung* de Habermas marque-t-il un tournant de la théorie critique?», *Archives de philosophie du droit*, Paris, 1994, tome 39, p. 319-333.

Kervégan, Jean-François, «Quelques réflexions critiques sur Dworkin et Habermas», dans Hourya Bentouhami, Ninon Grangé, Anne Kuplec et Julie Saada (dir.), *Le souci du droit. Où en est la théorie du droit*», Sens & Tonka, 2009, p 109-116.

Kitungano, Jean-Luc Malango S.J., «Le rôle de la société civile dans la construction d'un État de droit selon Jürgen Habermas», *Quest : An African Journal of Philosophy / Revue Africaine de Philosophie*, 2005, vol XIX: p 37-46. (1er version, dans *Raison ardente*, Kinshasa, no 69, décembre 2004, p 57-65.)

Langlois, Luc, «Habermas et la reconstruction rationnelle du droit», *Dialogue*, 1996, Volume 35, p 307-326.

Luhmann, Niklas, «Quod omnes tangit. Remarques sur la théorie du droit de Jürgen Habermas», dans *Actuel Marx*, 1997, vol 21, p 29-48.

Melkevik, Bjarne. «Du contrat à la communication : Habermas critique Rawls». *Philosophiques*, vol. XXIV, n° 1, 1997, p. 59-70. (Repris dans Bjarne Melkevik, *Rawls ou Habermas. Une question de philosophie du droit*, Québec, Les Presses de l'Université Laval, coll. Diké, 2002, p 21-38)

Melkevik, Bjarne. «Kant et Habermas. Réflexions sur «La Doctrine de droit» et la modernité juridique», dans E. Moutsopoulus (dir.), *Droit et vertu chez Kant. Kant et la philosophie grecque et moderne*, Athènes, 1997, p. 323-330. Également dans : *Diotima. Revue de recherche philosophique/Review of philosophical research* (Athènes), 1999, no 27, p 121 – 128. (Repris dans Bjarne Melkevik, *Habermas, droit et démocratie délibérative*, Québec, Les Presses de l'Université Laval, 2010, p 63 -71). Repris dans Bjarne Melkevik, *Habermas, droit et démocratie délibérative*, Québec, Les Presses de l'Université Laval, 2010, p 63-71.

Melkevik, Bjarne, «Modernité, droit et tolérance: Une reformulation communicationnelle», dans Paul Dumouchel et Bjarne Melkevik (dir.), *Tolérance, pluralisme & histoire*, Montréal – Paris, L'Harmattan, coll. *èthikè*, 1998, p 77-93. (Repris dans Bjarne Melkevik, *Habermas, droit et démocratie délibérative*, Québec, Les Presses de l'Université Laval, 2010, p 151 – 167).

Melkevik, Bjarne «Le droit cosmopolitique : la reformulation habermasienne», *Universitas Iuris*. Publicación de Alumnos de Facultad de derecho, Universidad Nacional de Rosario, Argentine, abril 1999, n° 21, p. 67-77. (Repris dans

Bjarne Melkevik, *Rawls ou Habermas. Une question de philosophie du droit*, Québec, Les Presses de l'Université Laval, coll. Diké, 2002, p 135-152)

Melkevik, Bjarne, Légalité et légitimité : réflexions sur les leçons de Weimar selon David Dyzenhaus, dans *Les Cahiers de droit*, vol. 40, n° 2, juin 1999, p. 459 – 477. (Repris dans Bjarne Melkevik, *Habermas, droit et démocratie délibérative*, Québec, Les Presses de l'Université Laval, 2010, p 169-186).

Melkevik, Bjarne. *Rawls ou Habermas. Une question de philosophie du droit*, Bruxelles, Bruylant et Paris, Les Presses de l'Université Laval, coll. Diké, 2002.

Melkevik, Bjarne, *Rawls si Habermas. O problemà de filozofie a dreptului*, Iasi (Roumanie), Editura Cugetarea, 2003.

Melkevik Bjarne «Legislación democrática y «sujetos creadores-destinatarios» del derecho en el pensamiento de Habermas» dans *Anuario de Filosofía Jurídica y Social*, Lexisnexis/Abeledo-Perrot (Buenos Aires) n° 24, ano 2004, p. 209-221.

Melkevik, Bjarne, *Rawls o Habermas. Un debate de filosofia del derecho*, Bogota, Publicaciones de Universidad Externado de Colombia, coll. Serie teoria juridica y filosofia del derecho, 2006.

Melkevik, Bjarne, *Philosophie du droit. Volume 1*, Québec, Les Presses de l'Université Laval, coll. Diké, 2010.

Melkevik, Bjarne, *Habermas, Droit et démocratie délibérative*, Québec, Les Presses de l'Université Laval, coll. Diké, 2010.

Monnier, Raymonde, «Droit et démocratie. Entre faits et normes.», *Annales historiques de la Révolution française, 1999, numéro* 317, p 545-547.

Petev, Valentin, «Quelques réflexions sur la philosophie du droit de Jürgen Habermas», *Revue du droit public*, Paris, 20007, fasc. 6, p 1534 - 1540

Pieroth, Bodo, «L'apport de Jürgen Habermas au droit constitutionnel», *Revue du droit public*, Paris, 20007, fasc. 6, p 1487 – 1505.

Pourtois, Hervé, «Rationalisation sociale et rationalité juridique. Une lecture de Jürgen Habermas», *Revue philosophiques de Louvain*, 1991, vol 89, no 83, p 469-498.

Pourtois, Hervé, «Théorie sociale et jugement juridique. A propos de J. Habermas et de Kl. Günther", *Archives de philosophie du droit,* Paris, 1992, tome 37, p 303 – 312.

Pourtois, Hervé, «Le système juridique comme système social : le débat Habermas – Luhmann», *dans Recherches sociologiques*, 1993, vol 24, no 1-2, p 5-24.

Reichelt, Helmut, «Thèses sur la théorie des media dans Théorie de l'agir communicationnel rapportée à la théorie du droit dans Droit et démocratie», *Actuel Marx*, (dossier : Habermas, une politique délibérative), Paris, no 24, 1998, p

Rosenfeld, Michel, «Droit et démocratie» : un ouvrage de référence», *Revue du droit public*, Paris, 20007, fasc. 6, p 1506 – 1533.

Rousseau, Dominique (dir.), Dossier spécial : Habermas et le droit», *Revue du droit public*, Paris, 20007, fasc. 6, p 1476 – 1616.

Rousseau, Dominique, «Penser le droit avec Habermas», *Revue du droit public*, Paris, 20007, fasc. 6, p 1476 - 1480.

Rousseau, Dominique, «Entretien avec Jürgen Habermas», *Revue du droit public*, Paris, 20007, fasc. 6, p 1481 – 1486.

Sintomer, Yves, «Weber, Habermas et la sociologie du droit», dans Jean-Philippe Heurtin et Nicolas Molfessis (dir), *La sociologie du droit de Max Weber*, Paris, Dalloz, 2006, p 61-88.

Sintomer, Yves, «Aux limites du pouvoir démocratique : désobéissance civile et droit à la résistance», *Actuel Marx*, (dossier : Habermas, une politique délibérative), Paris, no 24, 1998, p 85-104.

Toussaint, Hérold, *Communication et État de droit selon Jürgen Habermas, Patriotisme constitutionnel et reconnaissance de l'autre en Haïti*, Port-au-Prince, Henri Deschamps, 2004.

Vlachos, Georges, «La tentative de reconstruction de l'ordre politico-juridique» par Jürgen Habermas», *La revue administrative* (Paris), 2000; 1er partie : no 317, p 454-462; 2ème partie : no 318, p 566-575. (Reprise dans: *Jahrbuch des öffentlichen Rechts der Gegenwart*. Neue Folge. Band 48, 2000, p 149 – 168).

Yamb, Gervais Désiré, «*Droits humains, démocratie, État de droit. Chez Rawls, Habermas et Eboussi Boulaga»*, Paris, L'Harmattan, coll. Philosophie politique Afrique noire, 2009.

Yamb, Gervais Désiré, «Droits humains et conflit des égalités : penser avec Rancière contre Habermas», dans *Aspect. Revue d'études francophones sur l'État de droit et la démocratie*, no 3, 2009, p 45-66.

Autres ouvrages juridiques parus

aux editions BUENOS BOOKS INTERNATIONAL

WWW.BUENOSBOOKS.FR

Les Grandes Questions de La Philosophie Pénale, Stamatios Tzitzis , ISBN: 9782915495386

Le Citoyen, l'Ethique, la Sanction, De l'évolutionnisme social à l'humanisme pénal, Stamatios Tzitzis, ISBN: 9782915495553

Droit Et Valeur Humaine, L'autre dans la philosophie du droit, de la Grèce antique à l'époque moderne, Stamatios Tzitzis,

ISBN: 9782915495669

L'Obsolescence Du Droit D'Auteur Et de Sa Philosophie, Anna Mancini,

ISBN : 9782915495171

Justice Et Internet, Une Philosophie Du Droit Pour Le Monde Virtuel, Anna Mancini, ISBN: 9782915495102

L'Obsolescence Du Droit Mondial Des Inventions, Anna Mancini, ISBN: 9782915495164,

Les Solutions de L'Ancien Droit Romain Aux problèmes Juridiques Modernes, l'exemple du droit des brevets d'invention, Anna Mancini, ISBN: 9782915495058

Maat, La Philosophie de La Justice de L'Ancienne Egypte, Anna Mancini, ISBN: 9782915495287

La Personnalité Juridique Dans L'Oeuvre de Raymond Saleilles, Anna Mancini, ISBN: 9782915495478

Traité De Droit Constitutionnel, Constitution Universelle Et Mondialisation Des Valeurs Fondamentales, Paulo Ferreira da Cunha, ISBN: 9782915495690

Philosophie Pénale, Droit et Psychanalyse, Vassiliki-Piyi Christopoulou,

ISBN: 9782915495782

Droit Pénal et Droit de l'homme, La dignité en prison, genèse et avénement, C. Guastadini, ISBN: 9782915495805

Marxisme et Philosophie du Droit, Le cas Pasukanis, Bjarne Melkevik, ISBN: 9782915495676

La Médiation Pénale, Une Source D'humanisation De La Justice, France Grou-Radenez, ISBN : 9782915495706

Délinquance Juvénile Et Discrimination Sexuelle, Sébastien Carpentier, ISBN : 9782915495867

Plaider Coupable Et Vérité Juridique en France et aux Etats-Unis, Victoria Kopek, ISBN : 9782915495881

Droit Naturel Et Méthodologie Juridique, Paulo Ferreira da Cunha, ISBN : 9782915495904

Identité Culturelle Et Humanisme, De La Grèce Antique À l'Europe Moderne, Stamatios Tzitzis, ISBN: 9782915495874

www.ingramcontent.com/pod-product-compliance
Lightning Source LLC
LaVergne TN
LVHW091010080826
845145LV00003B/1211
*9782915495928*